노인복지의 원점

– 일본 쥰세엔의 도전 –

번역 박정란/ 저자 토키타 쥰(時田 純)

KNOWLEDGE COMMUNITY 공동체

역자 서문

본 서는 일본에서 노인복지시설을 설립하고 현장에서 40여 년을 보내고 있는 노 실천가가 직장의 후배들에게 보내는 자전적 글이다. 저자는 개인적으로 전쟁으로 점철된 일본의 현대사의 질곡 속에서 청년기를 보내며 생명의 소중함을 몸소 경험하였다. 이는 그가 지방자치단체의 사회복지공무원을 거쳐 사회복지현장에 몸담게 된 것과 무관하지 않다.

역자가 특히 감명을 받은 것은 저자가 지역사회의 욕구와 노인 당사자의 욕구에 끊임없이 귀 기울이고 이를 하나의 형태로 만들어 왔다는 점에 있다. 지역사회에서 처음으로 도시락배달 서비스와 방문요양 서비스를 창출하고 그냥 돕는 것이 아닌 노인의 인권과 삶의 질의 관점에서 배설지원과 요양식을 개발한 것은 행정으로부터 위탁받은 서비스를 단지 수행하는 것만으로는 충분하지 않은 '민관의 역할'에 대해 새삼 생각하게 하였다.

또 민간복지 서비스가 행정의 경직을 극복하는 계기가 된다는 점도 인상 깊었는데 처음 인기가 별로 없었던 방문요양 서비스의 이용시간을 가족과 노인 당사자의 입장에서 연장함으로써 노인이 의사에 반해 집을 떠나 시설에 입소하는 것을 늦출 수 있게 되었다. 역자가 수업이나 각종 교육에서 항상 강조해 온 것도 바로 이 점이다. 말로만 이용자 중심, 지역사회 중심이라고 하면서 우리의 노인복지 서비스는 과연 이용자 중심이며 가족친화적인가? 오전 9시와 오후 4시부터 시작하는 주간보호소의 송영시간은 과연 누구를 위한 것인가? '제도가 그러하기 때문에'라고 생각한다면 우리가 그간 배운 욕구는 과연 누구의 욕구인가?

이런 점에서 본 서는 지역사회에서 민간사회복지시설이 욕구를 발견하고 이를 프로그램으로 만들고 행정을 움직여 제도화에 이르게 하는 좋은 모델을 제시하고 있다는 점에서 시사를 준다. 물론 본 서에는 종사자들에게 대한 과도한 교화나 정신주의 등 복지노동적 측면에서 보면 지나치게 보수적인 내용도 포함되어 있다. 그러나 이를 저자의 나이 만 90세(1927년생)라는 점을 감안해 노 실천가의 후배들을 향한 '노파심'으로 너그러이 이해해 주기 바라며 독자의 양해를 구하고자 한다.

2017년 7월

저자 서문

존경하는 한국 · 인제대학교의 박정란 교수님으로부터 영광스럽게도 본 법인의 소책자 『쥰세엔의 원점 : 潤生園の原点』의 번역 · 출판 요청을 받았습니다. 이 소책자는 지금 저와 함께 노인케어에 종사하고 있는 사람들, 그리고 앞으로 참가할 분들에게 전하고 싶은 저의 40년에 걸친 노인복지실천 이념과 마음가짐의 일단을 가능한 한 알기 쉽게 적은 것입니다.

본 법인의 실천은 1978년, 특별양호노인홈(중증노인요양원) 쥰세엔의 설립 때부터, 시설이 벌인 자원봉사활동이 그 효시입니다. 당시 일본의 지역사회에는 뇌졸중의 발병이 많았는데 환자의 대부분이 후유증으로 반신불수나 와상상태가 되었습니다. 그러나 불결한 환경과 미숙한 케어로 노인들은 욕창으로 고통을 받았고 노인케어로 고민하는 가족이 증가하는 등 재가노인복지는 매우 비참한 상황이었습니다. 당시 일본의 복지정책은 엄격한 규제하에 있어서 행정지원금의 사용이 시군구가 조치한 시설입소자에 한정되어 시설이 창의적인 활동에 예산을 사용하는 것은 인정되지 않았습니다.

그러나 쥰세엔은 힘들어하는 사람을 내버려 둘 수 없어서 스트레처(구급차용 침대)로 모시러 가서 '와상노인 목욕 서비스'를 실시하였고 가족들에게는 휴식을 주기 위해 '와상노인 숙박 서비스'를 무상으로 실시했습니다. 후에 이것들이 '주간보호 서비스'와 '단기보호 서비스'로 제도화되었습니다. 또 '점심과 저녁 두 끼 365일 형 도시락 서비스'와 '24시간 365일 형 방문요양 서비스'도 본 시설이 카나가와현에서는 최초로 시작하였습니다. 나아가 1992년에는 도지사의 인가를 얻어 전국 최초로 노인복지시설이 주관하는 '인재양성 연수사업'을 시작했습니다. 이러한 실천들은 길이 없는 곳에 길을 만드는 작업이며, 선구적인 실천이었기 때문에 말할 것도 없이 많은 고생이 수반되었습니다. 길은 누군가가 걸은 자취로 만들어집니다. 노인복지 종사자에게는 중국의 맹자가 말한 '측은지심'이 기본적으로 필요하다고 생각합니다. 그것은 고통을 그냥 지나치지 않는 '배려심'이며, 불교에서 말하는 '자비'의 행위라고 생각합니다. 민주주의의 원리인 '박애'와 동의어라고 말해도 좋을 것입니다. 옛 일본 성인의 말에 '세상에서 가장 고귀한 것은, 사람을 위해서 봉사하지만 결코 대가를 바라지 않는 일'이라 하였습니다. 노인케어는 사람이 하는 일 중에 가장 고귀한 행위라고 생각합니다.

일본문화가 대은을 입은 한국에서도 이미 급속한 고령사회에 대비해 각지의 사회복지관을 중심으로, 지역의 포괄케어체제가 정비되고 있기 때문에, 앞으로 케어가 힘든 치매노인케어나 말기치료에 있어서 선구적인 실천이 기대됩니다.

부디 노인 한 사람 한 사람의 인격과 존엄을 지키는 여러분의 숭고한 역할에 자부심을 갖고 성실하게 실천하여 사명을 완수할 수 있도록 간절히 바랍니다.

2017년 5월 길일

사회복지법인 오다와라복지회 이사장 토키타 쥰(時田 純)

차례

젊은 시절, 사명을 자각하다

토키타 쥰(時田 純)

1. 패닉으로 시작된 쇼와[1]의 서막

지금의 일본은 전쟁이 없는 시대가 68년간이나 계속되어, 당연한 듯이 평화로운 시대를 보내고 있습니다. 긴 '전쟁의 세기'를 살아온 저로서는 평화만큼 고귀한 것은 없다고 실감하고 있습니다.

사는 동안 목숨을 잃을 뻔한 위기에 계속 노출된 적이 있는 저에게 이런 평화로운 사회는 기적이라고도 생각되기 때문입니다. 제가 태어난 쇼와 초기(1927년)는, 제1차 세계대전 후의 불황과 타이쇼[2]시대의 구조적 결함에 가세하여, 지진강도 7.9의 관동대지진(1923년 9월 1일, 11시 58분 44초)이 1도 6현[3]을 직격해, 이재민 수 340만 4,898명, 사망자 9만 9,331명이라는 대참사가 일어나고, 그 복구로 국민생활은 궁핍해져 있었습니다.

엎친 데 덮친 격으로 1929년 10월 24일, 후일 이른바 '암흑의 목요일'이라고 부르는 뉴욕 주식시장의 대폭락으로 전 세계에 대공황이 일어났고 그 여파로 일본에서도 산업 합리화와 조업단축 등으로 희생된 노동자의 불만이 노동쟁의로 발전하였습니다. 1930년 전국에서 2,289건의 노동쟁의가 발생하였고 다음 해 그 수는 2,456건에 달해 사회적으로 큰 타격을 주었습니다.

나아가 은행과 기업의 구제법안 처리 등으로 정치적으로는 내

※ 본 서의 각주는 모두 역자주임.

1) 일본의 연호로 쇼와(昭和)는 1926년부터 1989년까지임.

2) 일본의 연호로 타이쇼(大正)는 1912년부터 1926년까지임.

3) 동경도, 카나가와현, 사이타마현, 치바현, 시즈오카현, 야마나시현, 이바라기현

각이 무너져 큰 은행들까지 파산위기에 내몰리는 격동의 시대였습니다.

이러한 시대적 배경 아래 사회주의 운동이 격렬함을 더해 국가의 앞날에 어두운 그림자를 드리우고 있었습니다. 노동쟁의의 상당수는 노동자 측의 패배로 끝났습니다만, 허무하게 진 사람들을 기다리고 있었던 것은 만주사변[4]으로 시작된 긴 전쟁의 서막이었습니다.

저는 토쿄의 어느 병원에서 미숙아로 태어나 정상적으로 살아가기 어려울 것이라 들었다고 합니다. 아버지는 내과의사, 어머니는 간호사였지만 두 분의 이별로 어릴 적부터 친척집에 맡겨져 청년기를 신슈(信州)[5]의 마츠모토(松本)시에서 보냈습니다.

2. 만주국 시대의 위기

제2차 세계대전 당시 일본군 전선이 남태평양까지 확대되었을 무렵, 저는 나가노현(長野県) 지사의 추천을 받아 새로 건국한 만주국의 관료양성소였던 만주국립건국대학에 입학하였습니다.

이 대학은 일본, 중국, 한국, 몽고, 러시아 백인 등 다섯 민족(5족)

4) 1931년 9월 18일 봉천(奉天) 외곽의 류타오후에서 일본 관동군에 의해 조작된 만주철도 파괴사건을 계기로 중국침략을 본격화한 사건. 이후 일본은 만주 전역을 점령하고 1932년 3월 1일 괴뢰정권인 만주국(滿州國)을 세워 실질적인 지배권을 행사함(한국근현대사사전, 2005. 9. 10., 가람기획).

5) 지금의 나가노현(長野県)

으로 선발된 학생들로 구성되어 만주국이라는 신생국가를 통치할 관료를 양성하는 국립대학이었습니다. 학교는 수도 신경시(新京市)에 있었고 학장은 만주국 총리대신이 겸임하는 최고 학부였습니다. 그 때문에 병역면제 특전에 학비는 무료이었고 매월 용돈이 지급되었습니다. 전시 중이었기 때문에 학과목은 매일 군사교육이나 무술훈련 등의 신체단련과 장래 국가경영을 담당하기 위한 외국어와 일반교양 등이 주된 교과과정이었습니다.

그러나 평온한 학교생활은 오래가지 않았습니다. 북쪽에서 소련군이 국경을 넘어 들어와 학교가 있었던 수도 신경시가 뜻하지 않게 최전선이 되어 생사의 위험에 놓이게 되었습니다.

또 막강한 군사력과 경제력을 가진 연합군의 공격으로 일본은 점점 제공권과 제해권을 빼앗기고 전국적으로 공습피해를 받게 되면서 국민의 생활은 곤궁하였습니다.

마지막으로 히로시마와 나가사키에 원자폭탄이 투하되고 일본이 포츠담 선언(미 · 영 · 중 3국 공동선언이라고도 하며, 일본에 대해 1945년 7월 26일, 미 · 영 · 중 3국이 전면 항복을 요구한 선언)을 수락해 항복하면서 간신히 전쟁이 종결됐습니다.

이 패전과 함께 만주국은 멸망했는데, 저는 국가가 없어진 사회에서 무정부 상태의 대혼란을 겪었습니다.

특히 비참했던 것은 소련군의 밤낮에 걸친 약탈과 강도 · 살인사건이었습니다. 사람들은 자기 몸 하나 지키는 것도 어려웠고 많은 사람이 끔찍하게 목숨을 잃었습니다.

또한 모든 사회구조가 붕괴된 결과, 음식 구하기도 어려워지고 영양실조로 생사를 넘나드는 상태에서 무참한 전쟁의 어리석음을 절실히 체험했습니다. 제가 전쟁을 증오하고 생명의 고귀함을 강조하는 것은 이 같은 실제 체험이 있었기 때문입니다.

이 위기에서 벗어나기 위해 몇 명의 친구와 덮개가 없는 차에 숨어 타고 일본과 가장 가까운 대련(다롄)까지 도망쳤지만, 해상이 봉쇄되어 바로 귀국하지 못하고 이후 2년 반의 억류생활을 할 수밖에 없었습니다.

3. 귀국 후 공무원 시절의 회고

1947년 겨우 귀국했지만, 집은 종전 전날의 공습으로 소실되고 가족들은 가설주택에서 생활하고 있었습니다. 당장 일을 할 수도 없는 형편이어서 진학을 단념하고 일자리를 찾던 중 다행히 같은 동네에 사는 시의회 의원의 소개로 오다와라(小田原)시청에 면접을 보고 채용되었습니다. 그때 민생부 후생과에서 생활보호를 담당하는 사회복지사로 배치되어 일했던 것이 이후 사회복지의 길을 걷는 계기가 된 것입니다.

당시의 복지정책은 자선적인 것으로 '권리로서의 복지'는 없었습니다. 생활보호비 지급을 예로 들면, 지금처럼 입금식이 아니라 지급일에 수급자가 시청 복도에 줄을 서 창구에서 지급받았습니다. 그래서 빗속에서 아기를 등에 업고 양손에 아이의 손을 잡은 어머

니도 있었습니다. 그런 모습을 보고 경멸하는 사람이나 민폐 끼치는 사람으로 취급하는 사람도 있었습니다. 그런 광경을 보면서 저는 일본 복지정책의 열악함을 절감하였습니다.

시대는 전후의 재건기간이었기 때문에 새로운 제도와 시설정비 등 지방자치단체의 업무는 산적하였고 공무원들은 시대에 맞는 새로운 공부에 쫓기며 제도설계를 위한 창의성을 요구받았습니다.

특히 귀중한 경험의 하나는 '국민건강보험 창설과 운영'입니다. 사회보험 가입자 이외의 시민들을 위한 지역의료보험을 새로 만드는 일이었는데, 시민 개개인이 연간 얼마나 의료비를 지출하고 어떤 방식으로 보험료를 부담하는지 몰라 헤매는 상태였습니다. 게다가 전후 혼란기에 가계부를 쓰고 있는 사람이 전무한 상태에서 창설 취지에 입각하여 70회가 넘는 설명회를 개최하고 전 가구의 의료비 조사를 실시하여 집계를 분석하고 그 결과로 보험료를 설계하는 작업 등, 직원들의 초과 근무는 월 300시간을 넘는 엄청난 에너지를 필요로 했습니다.

다음은 '시립병원 건립과 경영'입니다. 일본의 의료체계가 그때까지의 독일식 모델에서 미국식 모델로 대 전환되는 시기였기 때문에 새로운 병원 경영방식이 모색되고 있었습니다.

저는 그래서 일 년 동안 후생성 병원관리연구소에 통학하며 체계적인 병원관리학을 배웠습니다. 그때까지 유례가 없었던 '병동의제도'를 발족시켜 시립병원을 입원환자를 위한 기관으로 재생하고자 하였습니다. 입원환자에 대한 의료는 외래진료의 틈을 이용해 이루어지는 것이 보통이었지만, 입원환자 중심 의료로 전환하는 새로운 시스템인 병동의제도 창설로 당시 적자 경영에 쫓기던 지역 시립병원들이 수지균형을 맞출 수 있는 경영 기반을 만들었습니다. 공무에 종사한다 해도 새로운 시스템을 구축할 기회를 갖기는 좀처럼 어렵습니다. 이 같은 사업창설에 관여할 수 있었던 것은 행운이라고밖에 할 수 없을 것입니다.

그리고 이 두 가지 사업이 기대 이상으로 성공을 거두면서 저에 대한 상부의 평가도 높아졌습니다. 이 같은 성공체험이 저를 크게 단련시켜 주었습니다. 더 많이 배우며 사색하고 창의적으로 연구하며 노력을 거듭하면 결과가 따라온다고 확신한 것은 그 후의 인생에 커다란 지침이 되었습니다.

시청에서 15년 남짓 근무한 뒤 오다와라(小田原)시의회 의원으로 추대되어 12년간 일하면서 또 많은 복지정책을 배웠습니다. 당시의 복지정책은 인권존중 모델이 아니어서 저로서는 납득할 수 없었습니다. 그렇다면 차라리 제 손으로 납득할 수 있는 시설을 만들어 보고자 하는 생각이 쥰세엔의 설립동기가 되었습니다.

4. 쥰세엔(潤生園) 케어의 이념과 실천

쥰세엔을 설립하면서 노인복지에 모든 것을 걸고 숙고한 결과, 저는 다음과 같은 운영이념을 내걸고 헌신할 것을 결심했습니다.

사람은 사람으로서 존재하는 것만으로 고귀합니다. 진정한 복지는 생명의 존귀함을 알고, 개인의 인격을 진심으로 경애하는 것에서부터 시작됩니다.

이러한 이념을 내세운 배경에는 그 바보같은 제2차 세계대전으로 310만 명(군인 230만 명, 일반시민 80만 명)의 사망자가 발생되고, 종전이 하루만 늦었더라면 저 자신도 목숨도 잃었을 것이었기에 전쟁을 미워하고 평화와 생명에 대한 고귀함을 직접 체험했기 때문입니다. 자기 생명의 귀중함을 안다는 것은 다른 사람의 생명의 고귀함도 인식하는 것이 됩니다. 사람은 생명이 있어서 비로소 인간인 것입니다. 그래서 생명보다 고귀한 것은 없다고 생각합니다. 불교경전에는 온 세상의 보물보다 하루의 생명이 고귀하다고 전하고 있습니다. 생명의 고귀함은 다른 것과 바꿀 수 없는 것입니다.

또 중증노인요양원의 명칭을 "쥰세엔"으로 명명한 유래에 대해서도 말씀드리고 싶습니다.

불교에서 말하는 석가의 경전은 팔만법장이라고 할 만큼 방대한 것이지만, 석가모니가 80년 동안 설법한 경전 중 최고는 마지막 8년간에 펴낸『법화경』입니다. 그 법화경의 한 절에는 '洪潤枯涸(홍윤고후)'(메마르고 마른 것을 널리 물들이어 적시다)의 네 글자를 설법하고 있습니다. 그 의미는 "육체가 쇠하여 마음도 메마른 나이 든 사람들을 정신적으로나 육체적으로 크게 윤택하게 한다"는 뜻입니다. 저는 이 구절이야말로 노인케어의 원점이라고 생각하였습니다. 그 가르침대로, '부처의 자비(무상의 사랑)' 정신을 근간으로 한 케어를 실천하고 노인 한 분 한 분이 천수를 다할 수 있도록 봉사할 것을 다짐한다는 뜻의 명칭입니다.

노인들의 고귀한 생명을 케어를 통해 유지하고 노인과의 상호작용을 통해 자타의 인격을 높이겠다는 뜻입니다. 직원들이 자기 생명의 고귀함을 깊이 이해하고 노인을 공경하며 정성을 다함으로써 스스로도 인격수양과 행복한 삶을 꾸릴 수 있다고 믿으면 좋겠습니다.

쥰세엔은 이 이념을 구체화하기 위해 개원 초창기 시절부터 노인 개개인의 인간으로서의 존엄을 지키는 것과 프라이버시를 존중해 왔습니다. 또 철저하게 와상상태가 아닌, 자리에서 일으켜 옷을 입히고 최대한 자립적인 생활과 배설 자립을 원조하는 것을 최우선으로 지켜왔습니다.

재가에서나 시설에서나 와상상태의 노인들이 당연한 시대였기 때문에 매일 아침 옷을 갈아입히고 일으켜 앉히는 케어나 자립을 지향하는 케어는 거의 이루어지지 않았습니다. 이와 같은 서비스 방식은 당시로는 매우 드문 일이었습니다. 그러나 집단적인 케어가 아닌 개인별 케어를 철저히 하는 것도 인간으로서의 존엄을 지키는 기본이라고 생각합니다.

저희는 이 운영이념을 바탕으로 연하장애를 가진 분들을 위한 요양식의 연구개발과 재가노인들을 위한 '365일 · 하루 2식의 배식 서비스', '24시간 · 365일 형의 방문요양', 법인 자체의 전문직 양성 연수사업 등, 선례가 없었던 일들에 차례차례 도전했습니다.

그 근간에는 '곤경에 처한 사람을 지나치지 않는다'라는 사명감이 있습니다. 노인을 잘 관찰하고 개개인의 욕구를 파악한 임상 데이터를 근간으로 연구하는 것도 그런 사명감 때문입니다.

그리고 저희도 현장에서 노인들과 일하면서 많은 것을 배우며 성장했습니다. 지금의 쥰세엔은 이런 많은 노력들의 결정체입니다. 저는 케어를 실천한다는 것은 정말 멋진 일이라고 항상 감탄하고 있습니다. 어느 내과의사가 '쥰세엔의 케어는 부처님이 하시는 일이다'라고 했는데 의사로서 본다면 부처님의 자비 그 자체로 비칠 것입니다.

저는 직원들이 케어의 고귀함을 마음속 깊이 진심으로 이해할 수 있기를 바랍니다. 케어에 종사하는 의미를 이해하고 케어의 가치를 안다면 자부심도 높아질 것입니다. 노인 분들의 삶을 온전히 뒷받침한다는 것에 보람과 행복을 느낄 수 있다면 얼마나 아름다운 일일까요? 그리고 직장에서 일을 통해 길러진 자부심이 자신뿐 아니라 팀의 공유재산이 될 수 있기를 바랍니다.

지금 쥰세엔에서 당연하게 이루어지는 서비스인 치매케어, 임종케어, 방문요양, 그리고 지역 밀착형 서비스 등은 어디서나 실천되는 것이 아닙니다. 좋은 케어실천이란 무엇인지에 대해 모색하고 모두가 오랜 시간 고생하면서 이루어 낸 전통은 타 시설에서 쉽게 흉내 낼 수 있는 것이 아니라고 생각합니다. 그런 뜻에서 저희는 '쥰세엔의 이념'과 실천에 자부심을 가지고, 쥰세엔에서 케어에 종사하는 자기 자신에게 자부심을 가지고, 시대의 변화에 유연하게 대응하면서 앞으로 노인복지의 선구자로서의 사명을 다하고자 합니다.

지금 쥰세엔의 임종케어 서비스는 초고령사회에서의 임종케어의 모델이라고 말씀드려도 좋을 것입니다. 노인의 80%가 병원에서 임종을 맞고 있지만 정든 집에서 가족이 지켜보는 가운데 편안하게 임종을 맞이할 수 있다면 본인은 물론, 가족들도 만족하실 걸로 생각합니다.

그러나 대부분의 가정이 가족 수가 줄어들면서 복수의 수발자가 교대로 간병하는 것은 드물어졌습니다. 그래서 케어를 사회화하고 개호보험이 만들어지고 사회가 간병을 맡게 되었습니다.

젊은이들이 삶과 죽음을 리얼하게 받아들인다는 것은 어렵겠지만, 저는 가급적 젊었을 때 어떻게 살지 고민하고, 자기실현의 목적을 정하고, 그 목적을 향해 끊임없이 정진하는 것이 중요하다고 생각합니다.

5. 인간은 어떻게 살아야 하는가

인간은 빨리 성공하는 사람도 늦게 성공하는 사람도 있습니다. 앵매도리(桜梅桃李)라고 하는데 벚꽃은 벚꽃대로, 매화는 매화대로 다 다른 것처럼 같은 인간이라지만 한 사람 한 사람의 성장속도는 다릅니다. 그래서 도중에 포기하지 않는 것이 중요합니다. 이것이 저를 움직이는 동기이며 인생관이라 말해도 좋을 것입니다.

저는 어릴 때부터 위인전을 좋아해서 그동안 많은 책을 읽었습니다. 그리고 어느 날 위인이라고 불리는 사람들에게는 '공통분모'가 있다는 것을 깨달았습니다. 그것은 그들의 정신구조가 내향적이 아니라 타인의 행복을 위해 행동하고 인류와 사회발전에 헌신한다는 것입니다.

이 같은 점을 깨닫고 저 자신의 사명을 깊이 자각할 수 있었습니다. 청년시절 겪었던 좌절도 포함하여 이 모든 것들이 인간복지에 공헌하라는 것임을 알았습니다. 인생에서 낭비란 없다는 것도 깨달았습니다.

'사명(使命)'이라는 단어는 한자로 '생명을 사용한다'고 쓰지만, 무엇을 위해 생명을 쓰는지가 중요합니다. 인간은 자기책임을 완수하기 위해 살고 있다고 합니다. '자기책임'이란 타고난 '사명'을 말합니다. 직원들이 자신들의 사명을 가능한 한 빨리 자각했으면 좋겠습니다.

사람들은 어릴 때는 자신을 위해 열심히 삽니다. 그러나 성인이 되어서는 자신뿐 아니라 타인을 위하여 '생명을 사용하는' 것의 중요성을 알았으면 좋겠습니다. 특히 힘들고 고통받는 사람들을 위하여 행동한다면 자신의 내면도 풍요로워져 빛나고 매력적인 인간이 될 것입니다. 그 매력으로 또 많은 사람과 관계를 맺으면서 더욱 자신을 연마하는 것, 바로 성장의 연쇄반응이라고 말해도 좋을 것입니다.

논어에 **"지자(知者)는 즐기고 인자(仁者)는 오래 산다"**는 말이 있습니다.

모든 것은 자신에게 되돌아옵니다. 말 한마디, 한마디가 인(仁; 사람의 길)에 바탕을 두고 있는지 늘 돌이켜 보아야 합니다. 거기에 영원한 생명의 근본이 있을 것 같은 생각이 듭니다. 평생토록 타인의 행복을 위해서 일한다는 것입니다. 365일 매일같이 일하다 보면 때로는 피곤한 일도 있지만, 이상하게도 후회는 없습니다. 그것은 사명을 다하고 있다는 충만함이 있기 때문입니다.

다른 사람에게 좋은 것, 나에게 좋은 것, 그리고 사회에 좋은 일을 하는 그런 공덕을 쌓은 결과 사람은 누구나 성공체험을 하게 된다고 생각합니다. 그리고 스스로의 인생에 납득할 수 있다고 생각합니다. 우리들이 케어라는 일을 만나 쥰세엔에서 일한다는 것은 결코 우연이 아니라고 생각합니다. 케어업무를 통해서 다른 사람에게 도움이 되는 것이 우리들의 사명이기 때문입니다. 그 사명을 다하기 위하여 우리가 만난 것이라 생각합니다.

부디 여러분은 이 일을 통해서 자기 자신을 높이고 둘도 없는 인생을 낭비하지 않고 하루하루를 가치 있는 것으로 만들어 갔으면 합니다. "뭐든지 열심히 노력하면 스스로 길이 열린다"는 말이 이 같은 것이라 생각합니다.

노인복지의 원점
– 일본 쥰세엔의 도전 –

발간에 즈음하여

올해 창립 35주년(2013년 현재)을 맞이하여 지금까지의 실천배경을 되돌아보면서 준세엔의 역사 속에 당당하게 흐르고 있는 '생각'을 이사장께서 직접 정리해 주셨습니다. 이는 준세엔이 무엇 때문에 존재하는 것인지, 무엇을 위해 운영되어 왔는지, 어떤 생각들을 소중히 여겨왔는지, 준세엔의 이상을 다시 한 번 형상화한 것입니다.

사람을 케어한다는 것에는 세태에 좌우되지 않는 보편적 철학이 필요합니다. 『노인복지의 원점-일본 준세엔의 도전-』에 담긴 철학, 그것은 '사람들의 행복'을 실현하는 것에 있습니다. 사람을 케어하는 것을 통해 케어하는 사람도 케어받는 사람도 함께 '행복'하게 되는 것입니다. 준세엔의 지금까지의 역사는 여러 노력들을 통해 행복을 향해 가는 실천입니다. 이런 뜻을 앞으로도 변함없이 우리 한 사람 한 사람이 면면히 실천해 나가고자 하는 것이 본 서 발간의 취지입니다.

소중한 것은 우리 한 사람 한 사람이 무엇 때문에 준세엔에서 일을 하고 있는지 그 의미와 가치를 알고 그것을 자기 인생의 주춧돌로 삼는 것입니다. 이사장께서 정리한 항목은 모두가 앞으로 우리들의 행보에 확실한 나침반이 될 것입니다. 그리고 우리의 삶을 지탱하는 골격이 될 것입니다.

업무하다 판단이 어려울 때는 물론, 삶에 고민이 있을 때도『노인복지의 원점-일본 준세엔의 도전-』이 그 실마리를 제공해 줄 것입니다. 그리고 이사장의 격려가 마음속의 지침이 되기를 간절히 바랍니다.

상무이사

토키타 카요코(時田佳代子)

운영 이념

「사람은 사람으로 존재하는 것만으로 고귀합니다.」

진정한 복지는 인간 생명의 고귀함을 알고,

개인의 인격을 진심으로 경애하는 데서 비롯됩니다.

직원의 다섯 맹세

1. 오늘 하루도 상쾌한 인사를 나누겠습니다.

2. 오늘 하루도 따뜻한 미소로 대하겠습니다.

3. 오늘 하루도 상냥한 말씨로 지지하겠습니다.

4. 오늘 하루도 사랑과 정성으로 케어하겠습니다.

5. 오늘 하루도 헌신할 수 있다는 기쁨에 감사합니다.

직원의 신조

1. 우리는 이용자 주체의 질 높은 서비스를 제공합니다. 그 서비스가 이용자에게 기대 이상의 감동과 만족을 드릴 수 있도록 노력하겠습니다.

2. 우리는 관계 법령을 준수하며 직무에 부과된 책임을 다하고 이용자의 이익을 저해하지 않도록 노력하겠습니다.

3. 우리는 정확한 기록과 과학적인 방법으로 근거 있는 케어를 실천하고 모든 직원이 공유할 수 있는 서비스 표준화에 힘쓰겠습니다.

4. 우리는 케어기록, 사고보고 등의 데이터를 분석해 그 원인을 파악하고 일상 업무를 가능한 한 정형화하는 등의 리스크 관리에 노력하겠습니다.

5. 우리는 쥰세엔이 과거 30여 년에 걸쳐 이룩한 케어문화와 지식을 차세대에 계승하기 위해 자발적으로 후배들의 지도·육성과 인재확보에 힘쓰겠습니다.

6. 우리는 쾌적한 직장환경을 만들기 위해 직원들이 서로 협력하고 절차탁마(切磋琢磨)[6]하여 능력과 자질 향상에 힘쓰겠습니다.

7. 우리는 지역사회 발전과 복지향상을 위해 지방자치단체와 공공섹터 등과의 협력에 노력하겠습니다. 또 지역복지의 새로운 수

6) '옥돌을 자르고 줄로 쓸고 끌로 쪼고 갈아 빛을 내다'라는 뜻으로 학문이나 인격을 갈고 닦음 (네이버 한자사전)

요에 대응하기 위한 서비스 확대에도 열의를 다해 연구하겠습니다.

8. 우리는 항상 혁신에 대한 의지를 가지며 새로운 서비스 창조와 시스템 구축에 도전하고 사회환경 변화에 유연하게 대처할 수 있도록 노력하겠습니다.
9. 우리는 여기에 기재된 신조를 실천함으로써 지역사회에서 쥰세엔의 존재 가치를 높이고 쥰세엔 브랜드에 자부심을 갖고 매진하겠습니다.
10. 우리는 스스로의 성장에 힘쓰고 오늘보다는 내일을 위해 꾸준히 한걸음씩 전진할 것을 맹세하며 여기에 직원들의 신조를 제정합니다.

2008년 4월 28일 창립 30주년 기념일에

노인종합복지시설 쥰세엔 직원 일동

쥰세엔이 지향하는 것

01

높은 뜻을 가진다

우리는 항상 높은 뜻을 가져야 합니다.

"인생은 자기 마음에 그린대로 된다"는 마하트마 간디의 말이 있습니다.

좋은 것을 마음에 그리면 좋은 결과를 얻을 수 있고 좋지 않은 것을 생각하면 좋지 않은 결과를 부르는 것이 당연한 자연의 이치입니다. 즉, 어떠한 뜻을 품는가에 인생이 정해진다는 것입니다.

테레사 수녀는 "당신이 백 명에게 미소 지으면 백 명의 마음이 너그러워질 것이며 당신이 백 명의 손을 잡으면 백 명이 온기를 느낄 것입니다"라고 말했습니다.

독일 최고의 철학자 괴테는 "인간의 행복은 남을 위해 일하는 과정에만 있다"고 하였습니다. 그는 자신의 행복만을 위해 사는 것의 공허함을 가르쳐 주려 하였을 것입니다. 또 과학자 알버트 아인슈타인은 "사람은 서로에게 봉사하기 위해 살아가는 것"이라는 가르침을 주었습니다.

예로부터 위인이라 일컬어지는 사람들의 공통점은 다른 사람의 행복을 위해 헌신한 사람들이라는 것입니다. 타인과 세상에 도움이 되려고 열심히 임했던 자세가 인간으로서의 높은 가치로 평가되어 역사에 그 이름을 올리는 것입니다.

즉, 타인의 기쁨을 자신의 기쁨으로 삼아 주변 사람들이 행복하게 사는 것을 항상 바라고 노력을 아끼지 않는 행동이 인간의 위대함을 결정하는 증표입니다.

우리가 관여하는 케어라는 업무는 항상 이런 말들을 되묻게 하는 일입니다. 이런 사실을 알고 자신을 높여가는 것이 풍요로운 삶을 살아갈 수 있게 합니다.

에피소드 인간은 인간을 구하러 태어났다[7)]

인도의 석가모니불 경전에 '민중생고생차인간(愍衆生故生此人間)'이라는 여덟 글자가 남아 있습니다. "중생을 불쌍히 여겨 세상에 인간으로 태어나셨다"라고 해석되는데 석가모니불은 왜 자신이 인간으로 태어났는지 그리고 인간은 무엇 때문에 태어나는지 설명하고 있습니다.

7) 각 에피소드의 제목은 독자의 이해를 돕기 위해 역자가 붙인 것임.

"인간은 왜 인간으로 태어났을까?

인간이 아니면 하지 못하는 일을 하기 위해서 인간으로 태어난 것이다.

인간이 아니면 못하는 일이란 무엇인가?

인간이 아니면 인간을 구할 수 없다"라고.

인간은 인간을 구하러 태어났다는 가르침이 여기 있습니다. 우리가 무엇 때문에 태어났는지 무엇을 하기 위하여 살아가는지가 제시되어 있는 것입니다.

일본의 니노미야 손토쿠(二宮尊徳)[8] 선생은 사람과 짐승의 차이에 대해서 말씀하였습니다. 짐승의 손은 자기 쪽으로 끌어당기는 것밖에 못하지만, 사람의 손은 자신을 위하여 사용할 뿐 아니라 다른 사람을 위해서도 쓸 수 있다는 것입니다. 또 따뜻한 물을 자신에게 끌어모으는 것이 아니라, 상대에게 밀어주면 그 따뜻한 물이 자신에게 되돌아온다는 욕조의 비유도 유명합니다.

사람으로서 태어난 이상, 자신을 위해 무엇을 긁어모으는 것만이 아니라 타인을 위해 봉사하지 않으면 안 된다는 가르침인 것입니다.

이러한 가르침은 세상 도처에 있습니다. 인류애와 박애는 민족을 넘어선 인간 공통의 이념입니다.

8) 에도시대(17세기 초~19세기 중반) 후기의 경세가, 농정가, 사상가이다. 경세제민을 목표로 경제와 도덕의 융화를 호소하고 사리사욕이 아니라 사회에 공헌하면, 머지않아 스스로에게 환원된다는 보덕사상을 주장하며 농촌부흥 정책을 지도했다.

저는 케어에 관련한 일을 한 지 5년 정도 지나 이 석가모니의 말씀을 접하게 되었고 너무 감동했습니다. 자신이 태어난 목적이 명확해진 것입니다. 그리고 나라는 인간은 케어를 통해 노인들의 고뇌를 구하기 위해 태어난 것이라 깨달았습니다. 바로 '사명'을 자각한 순간이었습니다. 준세엔에서 함께 일하는 사람들은 모두 같은 사명을 가지고 모인 소중한 친구들이라는 것을 알게 되었습니다.

02

힘든 사람을 모른 척하지 않는다

노인복지시설은 원래 힘든 사람들이 이용하는 시설입니다. 우리는 '힘든 사람을 그냥 내버려 두지 않는다'는 심정으로 노인분들과 함께하며 조금이라도 덜 힘들게 일상생활을 유지할 수 있도록 노력을 경주하여야 합니다. 그러기 위해서는 한 사람 한 사람에게 얼마나 정성을 쏟느냐가 중요합니다. 사람을 배려하는 마음이 있다면 이것은 간과될 수 없습니다.

지구상에서 가장 척박한 환경이라는 적도의 아프리카에서 원주민 의료에 헌신하고 노벨 평화상을 수상한 알버트 슈바이처(1875~1965년)는 "인생에서 많은 아름다운 것을 손에 넣은 사람은 그 대신 많은 것을 제공하여야 한다. 자신의 고뇌를 면한 사람은 타인의 고뇌를 덜어주는 책무를 느껴야 할 것이다. 우리는 세상에 존재하는 불행의 짐을 다 같이 짊어져야 한다"고 하였습니다.

그는 타인에 대한 헌신이 인간의 책무임을 가르쳤습니다. 즉, 어려움에 처한 사람을 그냥 내버려 두지 않는다는 것은 인간성 그 자체이며 사회복지의 원점입니다.

일상의 케어에서 얼마나 사람을 배려하며 마음을 다하고 있는지, 우리는 그러한 감성을 연마해야 합니다. 그것이 인간성을 높이고 훌륭한 인격 형성으로 이어지는 것입니다.

에피소드 재가복지의 시도

재가복지가 아직 제도화되지 않았던 때의 이야기입니다. 저는 시설 내뿐만 아니라 지역의 노인들에게도 눈을 돌리고자 지역 유지 분의 안내를 받아 와상노인 가정을 방문했습니다. 거기에는 5년, 아니 6년 동안이나 목욕하지 않은 분과 온몸이 욕창으로 뒤덮여 고통받는 분들이 많이 계셨습니다. 당시는 집에서 케어 서비스를 제공받는 제도가 없었기 때문에 가족들은 어찌할 바를 몰라 난감해하는 상태였습니다.

그런 분들을 그냥 놔둘 수 없다는 생각이 들어 최소한 목욕이라도 시켜드리려고 이송용 침대차로 시설로 모셔가 무상으로 목욕봉사 서비스를 시작했습니다. 호응이 좋아 입소문이 나면서 이용자가 점점 늘어났습니다. 이것이 현재의 주간보호 서비스의 시초가 되었습니다. 그리고 간병에 지친 가족들을 하룻밤만이라도 쉬게 해주려고 1박 2일간 노인들을 맡아주는 서비스를 시작했습니다. 투데이 서비스라 불리며 NHK에도 소개된 바 있습니다.

제도화된 것이 아니어서 당연히 예산은 지원되지 않았습니다. 몇 년 동안 무상으로 봉사활동을 계속했습니다. 그러나 오히려 감사에서는 '입소자들을 돌봐주는 생활시설이 지역주민들을 위해 도움을 주어서는 안 된다'는 강력한 지적을 받았습니다.

그러나 어려움에 처한 사람을 그냥 내버려 둘 수 없었기에 감사 결과를 거스르고 서비스를 계속했습니다. 원래 민간복지 서비스는 제도가 있으면 하고 제도가 없으면 하지 않는, 그런 메마른 마음으로는 할 수 없다고 생각합니다. 어려움에 처한 사람을 그냥 내버려 두지 않는다는 열망에서 시설 차원의 봉사활동을 펼쳐온 것이 쥰세엔의 자랑스러운 역사입니다.

03

항상 새롭게 창조한다

준세엔은 서비스의 제도화에 앞서 개척적인 모델사업을 실천해 왔습니다. '365일 매일 두 끼의 도시락배달 서비스', '24시간 365일 방문요양', 연하기능장애가 있는 분들이 드실 수 있는 '요양식' 개발 등은 모두 저희가 창조한 서비스입니다. 그냥 남의 흉내를 내거나 기존 제도를 답습하는 것만으로는 스스로 납득할 수 있는 복지 서비스는 실현될 수 없을 것입니다. 힘들어하는 사람들과 사회에 도움이 된다는 생각으로 항상 새로운 과제에 도전하고 창조하는 것이야말로 진정한 사회공헌이라고 생각합니다.

우리의 몸을 구성하고 있는 60조 개의 세포도 일정한 속도로 새로운 세포로 바뀌고 있습니다.

즉, '생명이란 창조'입니다. 인간 자신은 항상 창조를 반복하는 존재입니다. 매일 새롭게 창조에 힘씀으로써 일하는 보람, 사는 보람을 느낄 수 있는 것이 아닐까요?

이용자의 욕구에 어떻게든 답하려는 노력에서 지혜와 배려의 마음이 솟아나고 새로운 서비스 창조로도 이어지지 않을까요?

에피소드 '하루 두 끼 · 365일 형 도시락 서비스'의 창설

쥰세엔은 개설 직후부터 매달 한 번씩 독거노인을 초청하여 식사대접을 해왔습니다. 지역의 독거노인들에게 맛있는 도시락을 대접하고 그들이 지역주민들과 어울릴 기회를 만들어 고독을 막고 고립되지 않도록 배려한 것입니다. 이것이 발전하여 '하루 두 끼 · 365일 형 도시락 서비스'가 탄생하였습니다. 공동모금에서 비용을 지원하는 지역복지 모델사업을 해보자는 카나가와현(神奈川県)의 제안이 그 계기가 되었습니다.

그때는 토요 휴무제가 막 시작되었을 때로, 특히 토요일과 일요일은 식료품 가게가 문을 열지 않아 배달음식도 먹지 못하는 상태가 계속되었습니다. 쥰세엔의 도시락배달 봉사활동은 그때 계획된 것입니다. 개개인의 저작력과 기호를 배려한 개별 도시락을 제공하여 허약화를 방지하고 안전의 지킴이 역할을 하는 서비스였습니다.

그런데 누가 배달할 것인지 좀처럼 정해지지 않습니다. 처음에는 지역 주민들의 협조가 있으면 어떻게든 되겠지 생각했는데 '매일'이라는 것 때문에 쉽지 않다는 것을 알았습니다. 그때 '지역사회에 의존해서는 서비스가 실현될 수 없다'고 깨달으며 쥰세엔이 배달도 맡기로 했습니다. 이것이 도시락배달 서비스의 시작입니다.

각자 경험과 취향이 다르기 때문에 모두를 만족시키는 식사란 매우 어렵습니다. 또 1년 365일 배달하기란 쉽지 않습니다. 그러나 식사 없는 재가생활은 있을 수 없습니다. 그래서 오다와라시(小田原市)에서는 1993년부터 공적 서비스로서 식사배달을 제도화한 것입니다. 실제로 배식을 시작하면서 이용자들의 몸 상태가 좋아졌습니다. 그중에는 흰 머리가 검어졌다는 사람도 있었습니다. 어떤 병원장은 도시락배달 덕분에 퇴원하게 되었다고 감사인사를 받았습니다. 새로운 것, 도전은 어려움을 수반하지만 우리는 거기에서 많은 것을 배우고 성장할 수 있다고 확신합니다.

04

창의적으로 되기 위해 힘쓴다

우리는 기존 방식과 관습에 얽매이지 않고, 현장에서 일어나는 모든 변화에 관심을 가지고 문제를 파고들어 연구를 거듭해 불충분한 것을 충분한 것으로 만들어야 합니다.

같은 사안을 놓고 '미흡'하다고 느끼는 사람도 있고 '충분'하다고 느끼는 사람도 있을 것입니다. 그것은 문제를 파악하는 기준이 각자 다르기 때문입니다. 어떤 서비스나 노하우도 처음부터 있었던 것이 아니고 "다음은 이렇게 해보자"는 창의와 모색의 축적에서 생겨납니다.

매일의 변화는 미미할지 모르지만, 어제보다는 오늘, 오늘보다는 내일 항상 새로운 발견이 쌓일 때 큰 성과로 이어지는 것입니다. 그리고 그 행위가 자신의 성장에도 보탬이 됩니다.

고대 로마의 현인 세네카[9]는 “사람이기 때문에 해야 할 것” 중의 하나로 우정의 소중함을 시사하고 있습니다. “배려와 서로 지지하는 것”으로 우정의 연대를 넓혀갈 것을 권했습니다. 인간은 서로 사랑하고 사랑받고, 따뜻한 마음이 서로 통할 때 마음이 충만해지는 것입니다. 사람에게 “사랑의 봉사를 한다”는 것은 상대방을 위해서뿐만 아니라 자신의 마음도 따뜻하게 해주는 것입니다. 마음을 쉼 없이 쓰는 것이 젊음의 비결이라고도 합니다. 이것은 크게 생색내지 않는 친절이나, 뜻밖의 작은 마음 씀씀이로 충분합니다. 자원봉사란 남을 즐겁게 하는 행위이지만 倖(행; 幸과 같은 글자)이라는 글자에는 사람 인 변이 붙어 있습니다. 사람을 행복하게 함으로써 자신도 행복을 얻는 것입니다. 인간은 혼자서는 행복할 수 없다는 것을 가르치는 글자라고 생각합니다.

에피소드 요양식의 개발

쥰세엔을 설립하고 몇 년 지날 즈음, 연하장애로 탈수와 열이 나는 사람이 속출하고 병원에 보내면 그대로 사망하는 사례가 계속

9) 후기 스토아 학파의 철학자로, 유명한 변론술학자(辯論術學者)로서 황제 네로의 교사가 되었지만, 후에 황제복멸(皇帝覆滅)의 음모사건에 연루되어 자살을 명령받았다. 그는 세속에 물들면서도 인간이 인간다운 까닭은 올바른 이성 때문이라는 것과 유일의 선(善)인 덕(德)을 목적으로 행동하기 때문이라는 스토아주의를 역설하고 모순과 불안에 찬 생애를 보냈다. 그의 스토아 윤리에는 이처럼 인간미와 비조(悲調)가 첨가되어 있으며 영혼을 육체와 구별하여 육체보다 우위에 두었다(철학사전, 2009).

되었습니다. 왜 그렇게 일찍 사망하는지 큰 의문이었지만 국회 도서관을 찾아 전 세계의 문헌을 찾아보아도 그러한 연구사례는 발견되지 않았습니다. 당시는 연하장애 자체에 관심이 없었습니다. 풍문으로 큐슈(九州)의 쿠루메대학(久留米大学)에 연구자가 있다는 말을 듣고 그분과 만나게 되었습니다. 그 교수님의 문헌에서 연하기능은 죽을 때까지 유지되는 것으로 장애의 원인은 뇌의 구마비(球痲痹)[10]에 있다는 것을 알았습니다. 또 이것이 뇌졸중 후유증이나 치매 말기에 출현하는 증상으로 죽음이 임박했다는 징후라는 것도 알게 되었습니다.

그래도 서비스 제공자로서의 역할을 다했나 하고 자책하는 마음은 사라지지 않았습니다. 그러면서 아무것도 모르는 제가 더듬어가며 '요양식' 연구를 시작하며 알아낸 세 가지 포인트가 있습니다. 첫째는 먹을 수 있게 만드는 음식의 모양에 대한 노력, 둘째는 식사 시 자세를 유지하는 법, 셋째는 먹이는 방법입니다. 각각 어려운 과제였습니다만, 현장에서 많은 힌트를 얻으면서 연구를 거듭했습니다.

한 반신불수의 노인이 휠체어에서 졸고 있었는데 침이 마루까지 이어지고 있었습니다. 그때 '침은 흐른다'는 사실을 발견했습니다. 거기서 침과 같은 물성을 가진 음식의 개발과 연구가 시작된 것입

10) 호흡이나 혈액 순환을 조절하는 것 같이 생명 유지에 중요한 역할을 하는 뇌의 부분인 연수에 손상이 생기면 말을 하거나 음식을 씹거나 삼킬 때 어려움을 겪는 등의 문제가 생기는데, 이를 구마비라고 한다(두산백과).

니다. 영양학자와 물성 연구자와 함께 공동연구를 하며 전문학회에서도 계속 연구성과를 발표하였습니다. 겨우 우유를 젤라틴으로 굳히는 방법을 개발했으나 목을 통과할 때에 타액처럼 흐르지 않았습니다. 3년간 만들고 시식을 반복한 끝에 겨우 납득할 만한 '구명식'이 완성되었습니다. 이 '우유푸딩'이 일본 '요양식'의 시작이며 이때 처음 '요양식'이라는 말이 만들어졌습니다. 일본의 '요양식'은 쥰세엔에서 비롯된 것이라는 점을 여러분도 자랑으로 여겼으면 좋겠습니다. 게다가 이때의 연구가 좋은 평가를 받아 '일본영양개선학회'에서 상도 받았습니다. '요양식'이 영양학적으로도 인정된 것입니다.

창의적인 노력과 모색을 거듭하면서 모든 식재료를 응용할 수 있게 되었고 레퍼토리도 점점 늘어났습니다. 지금에야 평범한 식사와 식단이지만, 양념과 색채를 연구하여 제공할 수 있게도 되었습니다. 요양식은 마지막까지 입으로 영양을 보급하는 유일한 수단이며 터미널케어(임종케어)에 빼놓을 수 없는 서비스로 정착되어 큰 역할을 하고 있습니다.

05

꾸준히 노력하자

살다 보면 이상과 현실의 갭 사이에서 고민하기도 하고 하루하루가 판에 박힌 듯 단조롭게 느껴지는 것도 사실입니다. 그러나 아무리 큰 일이라도 한 걸음 한 걸음 착실히 노력을 쌓는 것 외에는 목표를 달성할 수 없습니다.

일상의 작은 일을 민감하게 알아채고 관심 있게 보는 것이 큰 성과로 연결됩니다. 우리가 노인들과 접하는 현장에는 더 좋은 케어를 실현하기 위한 힌트가 수없이 많습니다. 그런 의미에서 현장은 연구과제의 보고입니다.

문제의식을 가지고 데이터를 수집하고 분석하며 끈기 있게 노력해 나감으로써 우리는 자기 업무를 향상시켜 갈 수 있습니다.

주어진 일을 하는 것에 그치지 않고 매일의 업무를 수행하며 성실히, 꾸준히 노력을 쌓아간다면 우리는 멋진 성공체험을 할 수 있을 것입니다.

정신분석학자이며 의사인 에릭슨(1902~1994년)은 “타인과 관계를 맺는 것이야말로 인생 전체를 통틀어 가장 중요하다”고 강조하였습니다. 또 ‘핵전쟁방지국제의사회’의 창설자이자 하버드대학 명예교수인 라운 박사도 다음과 같이 말하고 있습니다.

“충만한 인생을 보내려면 남에게 봉사하십시오. 사람에게 헌신하는 것에서 보람이 생깁니다. 삶의 보람을 혼자 만들 수는 없습니다”라고.

일을 통해서 많은 사람들에게 봉사하는 케어는 생생하고 활기찬 관계형성이어야 합니다.

에피소드 배설자립

쥰세엔에서는 배설자립에 대해 많은 연구를 하였습니다. ‘엉덩이를 마른 상태로 유지해 쾌적한 상태로 지내게 하고 싶다’는 마음으로 연구를 거듭했습니다.

인간 자립의 기본은 배설의 자립입니다. 배설은 인간의 본능이며, 이 문제로 다른 사람의 도움을 받는 것만큼 정신적으로 힘든 일은 없을 것입니다. 어느 노인은 기저귀를 차게 되면서 “이제 나는 더 이상 인간이 아니다”라고 생각했다고 합니다. 기저귀를 차는 것이 얼마나 괴로운 일인지 여러분은 알아야 합니다.

연구에서는 우선 거실에 센서를 달고 노인이 진성으로 실금하는 것인지, 아니면 어쩌다 실수하는 것인지 조사했습니다. 그 결과 진성으로 실금한 노인은 전체의 7%에 불과한 것으로 나타났습니다. 그것을 보고 노인들에게 “오줌이 마려우면 이 버튼을 누르세요”라고 부탁했습니다. 그런데 처음에는 아무도 알려주지 않았습니다. 사람들로부터 무언가를 부탁받을 일이 오랫동안 없었기 때문에 당황한 것입니다. 하지만 부탁받고 아무것도 안 하기도 미안한 일이었을 것입니다. 이윽고 콜 버튼을 누르며 부탁에 답하는 노인들이 나왔습니다.

우리는 한 사람 한 사람 그 시간을 일일이 기록함으로써 개인의 배설 간격을 알게 되었습니다. 배설 타이밍에 맞춰 화장실에 안내함으로써 실금을 피할 수 있게 되었습니다. 그 후 놀랍도록 많은 노인이 기저귀로부터 벗어났습니다.

직원의 정중한 부탁에 노인이 답함으로써 신뢰를 쌓을 수 있었는데, 꾸준히 노력하면 결과가 꼭 따라온다고 확신할 수 있었습니다.

06

서비스가 있는 곳에 욕구도 발생한다

일반적으로 서비스는 세상의 욕구에 맞추어 만들어집니다. 또 욕구는 서비스가 있어야만 제기되는 것입니다. 서비스가 없으면 힘들어도 요구하지 않기 때문입니다. 사람들은 없는 것을 달라고 보채지는 않습니다. 서비스가 있어야 "힘든 것을 해결하고 싶다"는 욕구가 발생하지 않겠습니까?

준세엔은 그동안 낡은 껍질을 깨고 제도화되지 않은 독자적인 서비스를 새롭게 만들어 왔습니다. 이는 어떠한 케어를 해야 하는지 확고한 신념이 있었고 그 신념을 추구함으로써 실현된 것입니다.

매일의 업무에 있어서 "노인의 욕구가 무엇인가"를 살피고, 해결하기 위해 노력을 아끼지 않는 태도가 필요합니다.

일본의 개호보험은 3년마다 제도를 개정하는데, 앞으로도 변화의 연속일 것입니다. 거기에는 어려움이 따르지만 그 어려움을 극복하기 위해서 새로운 서비스를 창조하고 서비스를 개척하는 것이 필요합니다.

효고교육대학(兵庫教育大学)의 우에다 요시이치(上田吉一) 교수는 삶의 보람을 갖기 위한 조건을 다음과 같이 가르치고 있습니다. 첫째, 인생에 희망을 가질 것, 둘째, 자신의 역할을 자각할 것, 셋째, 뚜렷한 가치관을 가질 것, 넷째, 정체성을 잃지 말 것, 다섯째, 장애에 맞설 굳은 의지를 가질 것.

삶의 보람이란 다름 아닌 자신의 긍정적인 삶에서 생겨나는 것이라고 생각합니다.

에피소드 방문요양서비스의 시작

1990년부터 카나가와현 모델사업으로 진행된 신체수발 중심의 방문요양사업은 처음에 수요가 없어 사업이 지지부진하였습니다. 그러나 오전 9시부터 오후 4시까지였던 서비스를 오전 7시부터 밤 11까지로 연장하면서 수요가 비약적으로 늘어났습니다. 이 경험에서 욕구는 서비스가 없는 곳에서는 발생하지 않는다고 깨달았습니다.

시설에서의 케어가 24시간 365일 이루어지듯 원칙적으로 재가서비스도 그러해야 할 것입니다. 오전 9시부터 오후 4시까지의 서비스로는 결국 노인이 자기 집에서 살지 못하고 시설에 입소할 수 밖에 없었던 것입니다.

2012년부터 방문요양서비스는 필요할 때 하루에 몇 번이라도 방문하는 '정기순회 · 수시대응형 방문요양간호'가 제도화된 것에 이어 현재는 24시간 365일 형으로 발전하여 선택의 폭이 넓어지면서 서비스 이용이 용이하게 되었습니다.

원래 일본의 방문요양서비스는 청소나 빨래, 장보기 등 생활지원적 색채가 짙었습니다. 방문요양제도는 처음 오사카에서 생활이 곤궁한 자를 대상으로 탄생한 것으로 전쟁 미망인에게 취업의 기회를 제공한다는 취지에서 만들어졌습니다. 정책적으로는 좋은 시도였습니다만 시대변화에 따라, 특히 1990년대 이후 고령화의 진행으로 재가에서의 신체수발이 필요하게 되었습니다. 우리가 새롭게 제공한 서비스는 그러한 시대의 변화를 먼저 읽고 실천한 것이었습니다.

사람은 아무것도 없는데 내놓으라고 요구하지 않습니다. 먼저 서비스가 있어야 이용하려는 욕구가 발생합니다. 따라서 우선은 서비스를 만들어 내는 것이 중요합니다.

07

먹어야 살 수 있다

식사는 오감을 자극하며 심신의 기능을 활성화시키고 기력과 체력을 유지하기 때문에 가장 직접적인 케어입니다. 그래서 쥰세엔은 설립 이래 '음식은 생명'이라는 이념을 내걸고 식사관리를 중시해 왔습니다.

식사에는 기초적인 영양 보충뿐만 아니라 마음을 위로하는 큰 힘이 있습니다. "맛있겠다. 먹어보고 싶다"라는 생각이 삶의 의욕이 되고 기력과 체력을 올려 생명을 잇는 양식이 되는 것입니다.

그래서 쥰세엔은 와상노인과 치매노인의 자립을 지원하기 위해 영양을 개선하고 식사를 입으로 하게 하는 개별적 지원을 철저히 해왔습니다. 각각 다른 저작력과 연하기능을 개별적으로 평가하고 기호에 맞는 개별식을 제공함으로써 많은 사람들이 기운을 되찾았습니다. 이런 식사관리가 노인들의 장수의 힘이 된 것입니다.

식사에는 하루하루 생명을 지키는 큰 의미가 있습니다. 식사의 좋고 나쁨이 그대로 생사를 좌우하기 때문입니다. 재가의료 중심인 뉴질랜드에서는 의사가 '외래의료센터' 소속의 의료 스태프와 함께 왕진하고 치료하는 시스템을 갖추고 있습니다. 이 '외래의료센터'에서는 수십 년 전부터 '매일형 도시락배달 서비스'가 이루어지고 있습니다. 일본은 아직 도시락배달 서비스의 중요성에 대한 평가가 낮지만 향후 지방자치단체에서 실시할 '생활지원 종합사업'의 중심은 '매일형 도시락배달 서비스와 지킴이활동'임을 인식해야 할 것입니다.

에피소드 좋은 식사는 '위안'이 된다

중증의 요양등급 노인들은 에너지 사용이 적기 때문에 식욕이 생기지 않습니다. 그런 영양장애가 욕창 등을 낫게 하는 힘도 잃게 합니다. 또 사람은 와상상태가 되면 삶의 희망을 잃어버립니다. 희망을 잃고 절망하는 사람의 입맛을 살리는 일은 매우 어려운 일입니다. 그런 분들의 식사에 대한 연구가 없어서 먹는다는 것에 대한 본질적인 이해가 부족했습니다. 따라서 어떻게 하면 식욕을 돌게 하고 먹게 할 것인지 연구하였습니다.

그래서 알게 된 것이 오감에 호소하는 것이었습니다. 식욕중추를 자극하려면 "먹음직하다, 먹어보고 싶다"는 생각이 들게 하는

플레이팅 등, 어떻게 하면 시각적으로 효과가 있을까 모색하는 것입니다. 사람은 누구나 어린 시절 경험한 '잊을 수 없는 그 맛'이라는 감각을 기억하고 있습니다. 그래서 옛 생각을 나게 하는 조리를 하여 식욕중추를 자극하도록 하였습니다. 이 사실을 문학 연구자 스즈키 히데코(鈴木秀子) 씨는 『세상을 떠나는 사람들이 전하는 말 : 死にゆく者からの言葉』[11]이라는 저서에서 다음과 같이 말하고 있습니다.

"저는 사람의 마음을 치유하는 첩경은 요리에 있다고 생각합니다. 마음이 병들면 당연히 몸도 약해지죠. 우선은 기력을 회복해야 합니다. 그러기 위해서는 좋은 식사를 하는 것이 중요합니다. 하지만 더 중요한 것은 요리에 담긴 '위안'을 함께 먹는 것이 아닐까요?" 살고자 하는 기력의 원천은 식사입니다. 면역력을 높여 기력과 체력을 기름으로써 사람은 건강할 수 있습니다.

---

11) 우리나라에서는 『가장 아름다운 이별 이야기』, 『죽음을 앞둔 사람의 말』 등으로 번역, 출간됨.

08

노인에게 최고의 환경은 직원의 배려

노인은 정든 집과 가족 곁을 떠나 불안한 마음으로 시설에 입소하게 됩니다. 그리고 다른 사람을 의식해 가며 낯선 환경에서 하루하루를 보내게 됩니다.

노인의 상당수는 가족을 고생시킬까 봐 싫지만 참고 시설에서 살고 있습니다. 그런 심정을 우리는 잠시도 잊어서는 안 될 것입니다.

그래서 우리는 노인이 마음 편히 지낼 수 있는 환경을 만드는데 항상 유의해야 합니다.

사람에게는 각자의 위치가 있습니다. 가정이라면 남편의 자리, 아내의 자리, 그리고 노인의 자리 등 각각 정해진 자리가 있을 것입니다. 이처럼 우리는 어떻게 하면 우선 노인이 마음 편한 환경을 만들 것인지 계속 생각해야 합니다.

우리의 그런 마음 씀씀이가 있을 때 시설은 비로소 안심되고 기분 좋은 장소가 되는 것입니다. 즉, 노인에게 최고의 환경은 우리 직원 자신인 것입니다. 부디 노인을 '안심이라는 장벽'으로 감싸주기 바랍니다.

시설은 단순한 상자가 아닙니다. 시설은 거기에서 일하는 직원들의 마음을 비추는 거울입니다. 서비스를 제공하는 우리 자신이 오래된 시설과 설비를 보완할 수 있을 만큼 인간미 넘치는 서비스를 제공합시다. 그리하여 입소한 노인은 물론 가족도 안심하고 평온한 나날을 보낼 수 있도록 힘씁시다.

에피소드 자기 집처럼

중증노인요양원은 예나 지금이나 성황인 시장입니다. 춘세엔을 설립한 35년 전에도 대기자가 넘쳤습니다. 노인케어는 시대가 바뀌어도 변함 없이 어려운데 시설사업자들은 요양원을 많이 만드는 것에 목적을 두기 쉽습니다. 하지만 노인복지 관점에서 생각하면 그것은 반드시 옳다고만 할 수 없을 것입니다.

입소하는 노인의 심정은 정든 집과 소중한 가족 곁을 떠나는 것만으로 죽을 만큼 괴로울 것이라 생각합니다. 그것을 헤아린다면 조금이라도 마음이 편안한 환경을 마련해서 돌보아야 합니다. 그러기 위해서는 노인들이 거리낌 없이 케어를 받을 수 있도록 우리들이 마음을 쓰지 않으면 안 됩니다.

낯선 사람들 속에서 살아야 하는 괴로움을 덜어주고 안전하고 안심하며 지낼 수 있도록 환경정비에 힘써야 합니다.

최고의 환경이란 서비스를 제공하는 직원의 마음가짐입니다. 시설 면도 물론 중요하지만 "이 사람이라면 안심하고 나를 맡길 수 있다"는 안심감이 무엇보다 중요합니다.

그리고 "이곳이라면 임종까지 있어도 되겠다"는 생각이 들도록 케어에 힘써야 합니다.

중증노인요양원의 경우 이제 전국적으로 입소노인의 평균 연령이 87세를 넘었고 증상도 대부분 의료적으로는 치유 불가능한 다발성 장기부전입니다. 거기에 치매합병 노인이 90%를 차지하는 노인복지시설이 되었습니다. 말하자면 중증노인요양원에서 생활하는 노인들은 이미 의료로는 손을 쓸 수 없는 극도로 노화가 진행된 분들입니다. 그래서 서비스의 중심은 '임종케어'가 되는데, 무엇이 '좋은 임종'인지에 대한 연구는 아직 시작단계입니다.

그 점에서 쥰세엔은 그동안 많은 임종을 지켜보면서 노인들이 천명을 다하도록 지지해 온 것에 자부심을 느끼지만 저는 더욱 정진을 거듭하여 일본 최고의 시설을 지향하고 싶습니다.

09

서로 존중하며 이해하자

케어는 결코 혼자서는 할 수 없는 일입니다. 서비스계획을 수립하는 사람, 간호사나 요양직 등 직접 케어에 종사하는 사람, 영양관리, 식사를 만드는 사람, 사무를 담당하는 사람 등 모든 직원이 서로 협동하고 연계하는 팀워크를 통해 자신의 전문 영역을 넘어 통합적 능력이 높아집니다. 따라서 우리 각자 업무를 해나가는 데 있어 직장 동료와의 상호이해와 협동이 매우 중요합니다.

노인들에게는 개개인마다 개성이 있고 또 각각의 요구와 희망사항이 있습니다. 그것이 무엇인지 알고 각자의 개성에 맞는 케어를 제공하기 위해서도 팀의 정보 공유는 꼭 필요합니다. 자신의 전문 영역에만 매달리지 말고 서로 존중하며 멋진 팀워크를 형성해 나갔으면 합니다. 노인에게 섬세한 케어를 제공하려면 상황을 개선하기 위한 문제제기와 고민이 필요합니다.

노인케어에는 아직 미개발 영역이 많습니다.

예를 들면, 극도로 노화가 진행된 노인의 경우, 의료적인 치료로 치유 가능성이 있는지, 불가능한지는 분명치 않습니다. 그것은 한 사람 한 사람의 유전자가 다르기 때문입니다. 또 의료와 케어의 경계는 연구의 여지가 많고 모르는 것 투성이입니다. 그래서 현장의 발언이 중요합니다. 산더미처럼 쌓인 과제를 하나하나 해결하기 위해서 능력을 통합하고 자료를 수집, 분석해 학회에서 발표하는 등 부단한 도전을 시도해 보지 않겠습니까?

에피소드 '다행신경'

35년 전 개설 당시 70세였던 입소자의 평균 연령은 현재 87세를 넘어 증상도 무거워진 데다 노화까지 극도로 진행된 결과, 쥰세엔은 지금 중증노인요양원이 되었습니다. 그래서 매일매일의 케어에도 어려움이 가중되고 직접적으로는 수발자의 부담이 커지고 있습니다. 부디 케어부담을 혼자 떠안지 말고 팀에서 분담하고 서로 도와가며 스트레스가 쌓이지 않도록, 조금이라도 부담을 덜도록 노력합시다.

노인 케어는 전문직 각각의 통합적 힘이 관건입니다. 어떤 직종이라도 빠지면 케어는 성립되지 않습니다. 노인은 각각 복수의 무거운 병을 안고 있기 때문에 간호사는 건강관리에, 요양직은 식사케어에서부터 배설과 수면케어에까지 쫓기기 마련입니다. 부디 안심과 안전을 뒷받침하기 위해 협동하며 신중한 케어에 노력합시다.

또 개호보험은 3년마다 제도개정이 이루어지기 때문에, 사례관리나 정보 관리, 인재육성, 시설설비관리 등 각 부서의 담당자들의 고생도 많습니다. 건전한 경영이 있을 때 비로소 직원은 안심하고 일할 수 있습니다. 그런 의미에서 어느 부서도, 어떤 직종도 모두 소중합니다. 부디 서로의 입장을 존중하며 항상 서로 이해하고 협동의식을 가지고 일하기를 바랍니다.

마쓰시타 코노스케(松下幸之助)[12] 씨는 "서로의 장단점을 잘 알고, 결점을 보완하자. 거기서부터 공동 업무의 발전이 시작된다"고 말하고 있습니다.

서로 마음의 거리를 좁히는 첫걸음은 상상력을 발휘하는 것이라고 합니다.

최근 연구에서 다른 사람에 대해 마음을 많이 쓰면 대뇌를 활성화하는 물질이 만들어지는 것으로 밝혀졌습니다. 기억과 관계 깊은 신경세포의 회로를 조사한 결과, 40대보다 80대 노인 쪽이 의외로 발달했다는 것이 발견되었습니다. 분명히 신경세포는, 나이가 들면서 줄어드는 것인데, 그 대신 회로를 늘려서 대뇌기능을 유지한다는 것입니다.

특히 다른 사람을 보살피고 감동을 잊지 않는 것이 이런 '다행신경'을 활성화하고 신체까지 건강하게 한다는 것입니다. 거기에는 노화가 없다는 것이겠지요.

---

12) 파나소닉의 창업자

10

깨우침에 감사하자

우리가 종사하는 케어업무는 노인에게서 많은 배움과 깨우침을 받습니다.

사람은 누구나 타인의 도움 없이 자립해 살고자 합니다. 우리는 그 것을 케어를 통해서 알 수 있습니다. 업무를 통해 인간 존재에 대해 생각하고 생명의 존엄을 깨우치는 것입니다.

이 깨달음으로 우리는 자신의 감성을 높이고, 케어행위를 통해서 자신을 연마할 수 있습니다. 케어 업무는 일방적으로 노인에게 서비스를 제공하고 보살피기만 하는 것이 아닙니다. 케어에 종사함으로써 우리 자신의 인격을 닦을 기회를 얻고 있다는 것을 잊어서는 안 되겠습니다. 노인은 그 자체로 많은 것을 가르치고 깨우쳐 주기 때문에 그들이 우리 눈앞에 존재할 때 감사의 마음으로 접해야 한다고 생각합니다.

'사와야카 복지재단(さわやか福祉財団)'의 호리타 츠토무(堀田力) 이사장은 "지금 일본은 자기 자신을 잃어가고 있다. 지금이야말로 필요한 것은 자신이 살아 있다는 경이로움을 자각하는 것이다. 사회는 미완성이며 그것이 완성에 가까워지게 노력하는 것이 인간이다. 사람은 모두 더 좋은 삶을 살고 싶다는 본능과 서로 돕고자 하는 유전자를 가지고 있다"라고 말하고 있습니다. 이 말은 큰 깨달음을 줍니다. 우리는 이 재단이 동일본대지진의 재해지역 재건에 재단 차원의 봉사활동을 펼치고 있는 것에서 배워야 한다고 생각합니다.

에피소드 자연스러운 죽음

H씨는 뇌졸중으로 몸이 불편해져 언어장애가 따르고 "야, 야"라는 말밖에 할 수 없었습니다. 처음에는 아무도 그의 욕구가 무엇인지 알지 못해 당혹스러웠지만, 이윽고 "야, 야"마다에도 의미의 차이가 있다는 것을 알고 그 차이를 파악해 가며 몇 년 동안 돌봐드렸습니다. 마지막 한 달쯤 우유도 마실 수 없게 되었을 때 가족이 병원에 입원시키고 싶다고 해 그렇게 되었습니다. 그러나 병원에서는 H씨의 말을 알아듣지 못해 결국 감당할 수 없었습니다. 그래서 가족과 의논하여 H씨는 다시 시설로 복귀할 수 있었습니다. 사망하기 꼭 일주일 전이었습니다.

시설로 돌아오신 후의 H씨는 좋아하는 우유도 수분도 전혀 입에 대지 않고 자신의 영양을 소진하고 돌아가셨습니다. 정말 훌륭한 최후였습니다.

힘든 결심이었을 것이라고 생각합니다. 본인은 우리에게 말로 전하지는 않았지만 죽음을 스스로 받아들였던 것입니다. 죽음은 예견하지 못한다고 합니다만, H씨는 스스로 그것을 결정했던 것입니다. 우리는 H씨에게서 멋진 사생관(死生觀)을 배웠습니다. 우리가 하는 케어에 이런 멋진 깨달음이 있습니다.

지금 인생 90세 시대를 맞아 임종방법에 대한 여론이 높아지고 있습니다. 나카무라 키미카즈(中村仁一) 씨의 『편안하게 죽고 싶거든 병원에 가지 마라(大往生したけりゃ医療とかかわるな)』, 이시토비 코조(石飛幸三) 씨의 『평온사를 권유함(平穏死のすすめ)』, 타나카 나오미(田中奈保美) 씨의 『시들듯이 죽고 싶다(枯れるように死にたい)』 등 많은 저서도 서점가를 떠들썩하게 하고 있습니다. 또 야마오리 테츠오(山折哲雄) 씨의 『일본인과 죽음의 준비(日本人と死の準備)』, 난바 코우지(難波紘二) 씨의 『삶과 죽음의 규칙』 등 풍부한 시사를 주는 저서도 적지 않습니다. 그러나 가장 리얼한 배움은 우리들 임상실천의 장에 있다는 것에 새삼 감사드리고 싶습니다.

11

동고동락하는 마음으로

현대사회는 현저하게 주변 사람에 대한 배려가 사라지는 경향을 보이고 있습니다. 그러나 케어현장은 일상적으로 장애가 있는 분들과 접함으로써 마음속에 숨겨진 배려심(친절)을 불러일으키는 기회가 된다고 할까요? 남의 도움을 받을 수밖에 없게 된 사람들은 고통스럽고 우울한 기분이 되기 쉽습니다. 그런 만큼 우리는 노인의 마음에 다가가서 고통과 슬픔을 이해하도록 애써야 하지 않을까요?

타인의 고통에 개입하는 것은 우리 자신의 따뜻한 마음을 끌어내는 것입니다. 그리고 개입하면 할수록 더욱 뜨거운 어떤 것을 길어올리는 것 같을 것입니다.

'동고동락하는 마음'이란 이런 뜨거운 마음입니다. 동고동락하는 마음을 가짐으로써 우리는 더 좋은 케어를 할 수 있고, 또한 자신의 인격을 향상시킬 수 있습니다.

임상의이자 정신분석학자인 에릭슨은 “인생 전체를 통틀어 가장 중요한 것은 타인과 어떤 관계를 맺는가 하는 것이다. 인간은 사람과 사람 사이에서 문자 그대로 사람이 되는 것이다”라고 하였습니다. ‘높은 뜻을 가진 사람’이란 다른 사람을 위해 헌신한 사람이라고 하는데, 오랜 경험에서 봐도 사람은 타인의 슬픔과 고통에 공감하며 동고동락할 만큼의 따뜻한 인품을 가질 때 좋은 얼굴이 되는 것을 실감합니다.

에피소드 케어는 존재가치를 높이는 멋진 일

뇌졸중 등 불치병으로 와상상태가 되면, 사람은 살아갈 희망을 잃습니다. 불치병으로 삶을 회복하기 어려워졌을 때 사람이 어떤 심리상태가 되는지 알기란 쉽지 않습니다. 그래서 더욱 그 마음을 이해하려는 노력이 중요합니다.

현대사회에서는 주변을 의식하지 않는 풍조가 확산되고 있는 것 같습니다. 전철 안에서 부끄러움도 없이 화장을 하는 사람, 편의점 앞에서 땅바닥에 주저앉아 음식을 먹는 사람 등 주위 사람을 아랑곳하지 않는 행동을 거리 곳곳에서 보게 됩니다. 저로서는 사회가 퇴폐한 듯 보이는데 이래서는 정신의 황폐가 진행될 뿐입니다.

케어의 세계에서는 노인들의 마음에 다가감으로써 여러 가지 것을 깨달을 수 있지만 그것은 일반 사회에서는 거의 일어나지 않는 일입니다. 우리는 멋진 경험을 하면서 거기에서 보람도 얻고 있습니다.

이이다 후미히코(飯田史彦) 씨는 저서 『삶의 보람을 창조하다(生きがいの創造)』에서 "인간의 의식이나 가치관은 근본적으로 바뀌지 않는 한 향상이 없기 때문에 진정한 의미의 삶의 보람, 일하는 보람을 찾기 어렵다"며 "자신의 존재가치를 찾아낸 사람은 강하다. 이 존재가치를 발견하는 것이야말로 무엇보다 파워풀한 삶의 원천이 된다"고 강조하였습니다.

입장을 바꾸어 말하면 중증의 생활장애를 가진 사람들의 고통을 완화시키고 되도록 그 사람다운 생활을 하게 하며 편안하게 해주는 가운데, 우리는 삶의 보람도 발견하고 스스로 존재가치를 높이는 것이 아닐까 생각합니다.

만약 케어에 종사하지 않았다면 우리는 타인의 기쁨이 곧 자신의 기쁨이 된다는 것을 알 수 없지 않았을까요? 하물며 자신의 존재가치를 발견하고 좋은 인생이 무엇인지 알 수 없었을 것이라 생각합니다. 이 한 가지만 봐도 케어가 얼마나 대단한지 알 수 있지 않을까요?

12

케어는 인격의 투영

케어를 받는 노인들의 대부분은 중증 장애로 와상상태가 되거나 치매로 의사소통이 어려워도 수발자의 목소리나 태도에서 자신에 대한 직원의 마음만은 민감하게 감지합니다. 따라서 언제 어디서라도 이것을 잊어서는 안 됩니다. 하물며 노인들을 업신여기는 태도 등은 절대 있어서는 안 될 것입니다.

특히 말이 중요합니다. 같은 말이라도 따뜻하게 느껴지는 말이 있는가 하면 차가운 인상을 주는 말도 있습니다.

케어 지식과 기술이 아무리 출중해도 자기중심적인 사람을 노인들은 받아들이지 않습니다. 중요한 것은 노인을 공경하고 소중히 하는 마음입니다. '케어는 인격의 투영'임을 명심하고 언제나 호의적인 태도로 노인을 대하고자 노력하는 것을 게을리 말았으면 합니다.

사람은 자칫 모습과 형태로 상대방을 평가하기 쉬워서 치매노인이나 중증 장애인을 겉만 보고 잘못 대응하는 일이 많아 유감인데 우리들 전문직은 그런 잘못을 결코 범해서는 안 됩니다.

우리의 말과 태도는 우리의 인격이 그대로 투영된 것입니다. 좋은 인격을 갖기 위해서는 매일매일 스스로 연마할 수밖에 없습니다. 누구에게나 존경심을 갖고 겸허하게 대하며 좋은 인상을 주는 사람이 되도록 날마다 노력하는 것이 중요합니다.

이러한 축적이 우리의 케어를 보다 좋게 하고 직원 자신도 인격을 높여가는 것입니다.

에피소드 오늘 이 하루의 중요성

방문요양 업무는 일대일로 일일이 다른 사람의 생활에 관여하고 만족을 주기 위한 케어를 제공해야 합니다.

아침에 방문하여 “안녕하세요”라고 인사했을 때 “아, 좋은 사람이 왔네”라고 생각해 줄까요 어떨까요? 같은 말에서도 따뜻하게 느껴지는 목소리의 울림이 있을라치면 차갑게 느껴지는 울림도 있습니다. 상대방을 진심으로 생각하며 내는 목소리는 복부에서 나와서 따뜻합니다. 이는 자연스럽게 전해지는 것입니다. 이것이 인격의 투영이라는 뜻입니다. 말도 태도도, 그 하나하나가 그 사람의 인격 자체입니다.

저는 직원들에게 자주 이런 말을 해왔습니다. "아침에 일어나서 씻고 거울을 볼 때, 오늘도 누구에게나 좋은 인상을 주는 내가 되자며 스스로에게 말하세요. 스스로에게 다짐하세요"라고. 그러면 반드시 누구에게나 좋은 인상을 주는 자신이 될 것으로 생각합니다.

매일같이 훈련하면 어떤 일도 습관이 됩니다. 그것을 되풀이함으로써 당연한 것으로 행동되고 인격이 형성될 것입니다.

'열심히 구하면 꽃이 핀다(念ずれば花ひらく)'는 시로 유명한 사카무라 신민(坂村真民)이라는 시인은 제가 좋아하는 『생의 여로(生涯の旅路)』라는 시를 남겼습니다.

"제가 제 일생의 여정에서 오늘이라는 이 길을 다시 지나가는 일은 없을 것입니다. 두 번 다시 없겠죠. 다시는 맞지 않을 오늘이라는 이 길에서, 비웃음을 받으며 반성합니다. 야단맞으며 똑똑하게 됩니다. 두들겨 맞으며 강해집니다. 한 송이 꽃도 비바람을 맞아 비로소 아름답게 피어서 향기를 내는 것입니다. 모욕을 당하고도 웃고 받아넘기고 이리저리 차여도 이를 악물고 참으며, 힘들고 분하지만 그대여, 이 길은 고귀하다 일컬어진 사람들이 반드시 한 번은 지나간 길이라네."

우리는 지나간 과거를 되돌릴 수는 없습니다. 오늘이라는 날은 다시 없습니다. 이 순간순간을 얼마나 긴장감을 가지고 보내는지, 우리 입장에서 말하면, 오늘 하루 얼마나 정성스럽게 케어했는지를 말하겠죠. 이 시의 깊은 의미를 이해하였으면 합니다.

13

항상 목적의식을 갖는다

노인을 케어하는 것이 자신에게 어떤 의미가 있는가를 생각하고 항상 목적의식을 갖는 것이 중요합니다. 케어는 한마디로 불전에서 말하는 '자비'의 실천입니다.

석가모니는 "부처를 섬긴다면 병자를 간병하라"며 노상에 쓰러져서 누구도 상관 않고 버려졌던 환자를 자신의 손으로 더러운 몸을 씻기고 깨끗한 잠자리를 마련해 간병하면서 봉사의 소중함을 가르쳤습니다.

저는 케어를 성스러운 일로 불러야 할 행위이며 더 없는 수행이라고 봐도 되지 않을까 생각합니다. 식사지원이나 배설 등을 도우면서 노인에 대한 배려의 마음이 자연히 길러집니다. 다른 사람에게 헌신함으로써 사람의 아픔과 고통을 나눌 수 있는, 풍성한 인격이 만들어집니다. 이런 '선한 마음'이 가정과 지역사회의 유대로 이어질 때 초고령사회를 극복하게 할 것입니다.

개호보험은 케어의 사회화를 목표로 시작하였지만 예상을 넘는 대상자의 증가와 재정부담의 증대로 21세기형 의료제도의 전환과 함께 근본적인 개혁이 요구되고 있습니다.

노멀라이제이션(정상화) 사상의 창시자인 덴마크의 방크 미켈센(Bank Mikkelsen, 1919~1990년) 씨는 "이 사상을 실현하는 데 있어 중요한 것은 자기 자신이 그 상황이 되었을 때 어떻게 느끼고 무엇을 하고 싶은지, 그것을 진지하게 생각하는 것이다"라고 말했습니다. 그러니까 상대방의 처지가 되어 "같은 인간으로서 생각하자"는 것이 아닐까요? 제도에 어디까지 피를 통하게 할 수 있을지, 근본은 인간의 마음에 달린 것입니다.

에피소드 직업적 사명감

저는 '카나가와현립 실천교육센터'에서 간호사와 요양직을 대상으로 십 년간 강의를 했습니다. 거기서 들은 것은 3,800시간이나 들여 간호교육을 받아도 졸업하고 5년이 지나면 결혼 등으로 이직한 후, 반수가 직장에 복귀하지 않는다는 이야기였습니다.

왜 그럴까 생각해 봤는데 실제 그 사람들의 이야기를 들으면 간호에 대한 열정을 잃는다는 것입니다. 즉, 보람을 느낄 수 없다는 것입니다. 기술이나 방법론은 배워도 간호라는 직업의 훌륭함과 가치를 배우지 않는 듯하였습니다.

요양직의 이직률이 높은 배경도 동일하지 않을까요? 생활시설 직원의 이직 이유 중 첫째는 '처우에 대한 불만'이 26.7%, 둘째는 '직장의 인간관계에 대한 불만'이 23%로 상위를 차지하고 있습니다(출처 : 2007년도 개호노동실태조사. (재)개호노동안정센터). 모두가 현실적인 문제니까 어쩔 수 없다고 생각은 되지만 본질적으로는 어떨까요?

아무래도 목적의식이 명확하지 않은 것 같습니다. 간호나 케어의 가치를 알고 그 훌륭함과 고귀함을 깨닫지 못하면 다른 가치판단을 하겠지요.

간호사나 요양직이 되겠다고 마음먹은 것은 여러분입니다. 그리고 본인이 자각하지 못해도 본질적으로는 사람을 간호하고 케어하려는 사명감을 가지고 있기 때문에 이 직업을 선택한 것이라고 생각합니다. 이것을 깨달았다면 쉽게 이직하는 것은 피할 수 있지 않을까요? 모처럼 숭고한 사명을 가지고 태어났으니 사람을 치유하는 둘도 없는 가치를 재인식하고 고귀한 사명을 평생 관철했으면 하고 바라마지 않습니다.

14

일이야말로 자활의 양식

케어업무가 자신에게 어떤 의미나 가치가 있는지 생각해 본 적이 있습니까?

케어는 제도권 업무이므로 보수 단위는 전국 일률적이며 이용정원도 정해져 있습니다. 따라서 기준 이상의 수입은 바랄 수 없습니다. 단, 수입을 늘리고 싶다면 다른 사업을 병행하여 부가가치를 높이면 가능합니다. 점점 진행하는 고령사회에서 노인복지사업은 앞으로도 성장산업이고, 사업주가 국가나 지방자치단체이기 때문에, 큰 과오가 없는 한 부도 날 위험도 없고, 직원의 '자활'은 보장됩니다. 우리는 자활할 수 있다는 것이 얼마나 멋진 일인지 잊고 있지 않을까요?

'민중 교육의 아버지'로 불렸던 스위스의 페스탈로치는 "빈곤의 원천은 자활할 능력이 몸에 배어 있지 않은 것이고, 교육의 궁극의 목표는 아이들에게 자활할 수 있는 힘을 기르게 하는 것이다"라며

산업혁명의 영향으로 자활할 수 없게 된 민중에게 교육을 통하여 자활의 길을 가르쳤습니다. 우리는 일을 통해서, 타인의 복지에 봉사하는 것으로 자활의 양식을 얻고 있는 것에 다시 한 번 감사하며 열정을 불태웠으면 합니다.

에피소드 일하는 행복

일본인의 근로정신은 헌법 제27조에 "모든 국민은 근로의 권리를 가지며 의무가 있다"로 규정되어 있고, 이는 일본국민의 3대 의무 중 하나입니다. 이렇게 규정한 유래에는 여러 가지 설이 있지만 전 농림부장관 이시구로 타다아츠(石黑忠篤) 씨와 농림부 기술직 공무원 출신의 국회의원 타케야마 유타로(竹山祐太朗) 씨가 니노미야 타카노리(二宮尊德)의 보덕사상(報德思想)을 근간으로 태평양전쟁으로 황폐해진 일본을 '국민 스스로 근로의 힘으로 재건시키자'고 제안하였다는 주장이 가장 유력시됩니다.

마쓰시타 고노스케(松下幸之助) 씨는 "고난이 오면 그것도 좋고, 순조로우면 더욱 좋다는 마음가짐으로 항상 남보다 노력을 쌓아가는 것이 중요하다"고 말하고 있는데, 이러한 정신이 일본 유수의 대기업을 키운 것입니다.

지금 일본은 저출산시대를 맞아 젊은 노동력의 감소가 우려되고 있는데 여기에 베이비붐 세대의 은퇴가 매년 진행되어 노동인구는 감소 일로를 걷게 될 것입니다. 만약 이대로 손을 쓰지 않으면 국력 약화를 초래할 것이고, 공적부조 수급인구를 극대화하는 결과를 낳을 것입니다. 또 한편 격화되는 글로벌 경쟁에 이기기 위해서 많은 여성이 출산과 육아를 계기로 노동시장에서 멀어지는 상황을 개선하는 것이 급선무입니다. 더욱이 업무에 따라서는 노인들이 오랫동안 쌓아온 풍부한 경험을 살릴 수 있는 곳도 얼마든지 있습니다. 따라서 노동인구 감소를 메울 방법은 무수히 있고 일할 곳은 널려 있습니다.

평론가인 카메이 카츠이치로(亀井勝一朗) 씨는 "나이를 먹으면서 행복의 반대를 불행이라고 생각하지 않게 되었다. 행복의 반대는 게으름이 아닐까. 일상생활에서 꼭 해야 할 일을 빼고는 나태해질 수 있는 인간은 자신의 성장에 필요한 것임에도 미룬다"고 말했습니다. 게으름이 불행을 부른다는 경고를 명심하고 충실한 인생을 보내고 싶습니다.

15

평생 끊임없이 배우자

"정말 교양 있는 사람이란 어떤 사람인가? 그것은 언제나 배우는 사람"이라고 미국 에머슨협회 전 회장 와이더 박사는 말했습니다. 배우는 생명은 항상 '지금부터', '여기부터'가 출발점입니다. 사람을 강하게 기르는 것은 철저한 자기교육이며, 그것은 함께 성장하는 '공육(共育)'입니다. 그리고 가정과 직장에서 인재를 기르는 '협육(協育)'이기도 합니다. 진지하게 배우는 한 사람의 행동이 파동을 일으켜 조직 전체에 배움의 기풍이 조성되는 것입니다.

복지사업의 발전은 개개인이 배움을 쌓음으로써 가능합니다. 배움은 힘이며 배우고자 하는 마음만큼 강한 것은 없으니까요. 변화가 심한 요즘 사회에서 기존의 지식과 경험에만 의존해서는 살아남을 수 없는 시대가 되었습니다.

광범위한 시야로 전문 분야는 물론 주변 영역까지 지식의 폭을 넓히고 자신의 잠재능력을 개발하라고 말하고 싶습니다. 저는 직원 누구나가 뛰어난 자질을 갖추고 있다고 믿고 있으며 개개인이 가능성이 충만한 소중한 인재라고 생각합니다. 그 가능성을 개화시키려면 좋은 동료를 얻어야 합니다. 서로를 계발하고, 배우며 마음껏 활약할 것을 기대하고 있습니다.

에피소드 겸허히 배우자

예로부터 배움에 대해서는 많은 격언이 남아 있습니다. 이탈리아 르네상스의 거장 레오나르도 다빈치(1452~1519년)는 "적은 지식은 사람에게 자만심을 불러일으키지만, 위대한 지식은 사람을 겸허하게 한다"고 하였습니다. 우리처럼 대인 서비스에 종사하는 사람들은 인생 경험이 풍부한 노인들과의 대화를 통해서도 겸허하게 배움의 중요성을 알 수 있을 것이라 생각합니다.

인도 독립의 아버지 마하트마 간디(1869~1948년)는 "내일 죽을 작정으로 살아라. 영원히 살 것처럼 배워라"라는 명언을 남겼습니다. 그것은 "배우면 배울수록 자신이 얼마나 무지한지 깨달을 수 있다. 자신의 무지를 알면 알게 될수록 더 배우고 싶어진다"고 말한 알베르트 아인슈타인(1879~1955년)의 말과도 통합니다.

애플의 창시자 스티브 잡스(1955~2011년)가 스탠퍼드대학에서 한 전설적인 연설에서 인용한 "언제나 이게 인생의 마지막 날로 생각하고 살자. 그러면 반드시, 틀림없이 그대로 되는 날이 온다"라는 말과도 통하는 명언입니다. 위대한 사람들에게는 공통의 정신구조가 있는 것 같습니다.

중국의 『논어 · 위정』에서 공자(B.C. 551~B.C. 479)는 "배우고 생각하지 않으면 어리석고, 생각하고 배우지 않으면 위태롭다", 즉 이는 아무리 배워도 스스로 깊이 사색하지 않으면 진정한 학문은 익힐 수 없다는 것과, 사색만 하고 배우지 않으면 그 학문은 위태롭다는 두 가지 교훈을 줍니다.

이처럼 학문에는 수동적으로 배우는 자세와 능동적으로 생각하는 자세 모두 필요하며 동시에 중요한 요건으로 설명되고 있습니다. 이 훈계를 마음에 담아 계속 배워나갈 것입니다.

16

인생의 본무대는 항상 나중에

“인생의 본무대는 항상 나중에”라는 말은 ‘사람이 아무리 나이를 먹어도 지금까지의 인생은 서막에 불과하며 이제부터가 본무대다’라는 뜻입니다. 사람은 나이가 들어가면서 경험과 지혜를 얻기 때문입니다. 그것이야말로 최고의 재산입니다. 그래서 죽음에 가까운 사람일수록 많은 재산을 축적하고 위대한 사업을 할 수 있을 것이라는 가르침입니다.

유형의 재산은 남에게 양보할 수 있지만 지혜와 경험이라는 무형의 재산은 자신밖에는 사용할 수 없습니다. 그러므로 죽음을 맞기까지 그 재산을 충분히 활용하고 사회의 발전과 인류의 복지에 공헌하는 인생을 계속 걷고 싶은 것입니다.

일본은 지금 세계에서도 유례가 없는 초고령사회에 진입하여 간병문제가 갈수록 심화되어 가지만 정작 한편으로는 인구감소 시대를 맞아 케어인력 확보가 어려워진 것을 피할 수 없습니다. 직원들에게 기대하는 것은 그동안 쌓은 지식과 경험을 살려서 인생의 본무대는 지금부터라는 각오로 노력해 주기 바라는 것입니다. 그래서 한 명도 빠짐없이 인생에서 승리하도록 바라마지 않습니다. 노력은 반드시 보답받는다고 믿고 있기 때문입니다.

에피소드 인생에서 포기란 없다

저는 사람은 끝까지 성장하는 존재라고 믿습니다. 그러나 이를 알아차리지 못하는 사람이 의외로 많은 것 같습니다.

그것은 인간은 어느 지점에선가 타협하기 때문입니다. 이 정도면 됐다고 생각하거나 만족하기 때문입니다. 거기서 자신의 성장은 걸음을 멈추어 버립니다. 예전에 토쿄에서 쿄토까지 걸으면 12일 걸렸다고 하지만 11일째 걸음을 멈춘다면 목적지에 도달할 수 없습니다.

저는 지금까지 자신과 타협하지 않고 또 남에게 의존하지 않고 살아왔습니다. 그것은 쇼와 대공황의 혼란과 전쟁의 세기를 살았고 일본의 패전과 만주국이라는 국가의 멸망에 조우하며 절망을 경험하면서 남에게 의지하지 않는 각오와 강한 자립심을 기른 때문이라고 생각합니다.

제가 신조로 삼고 있는 "인생의 본무대는 항상 나중에"라는 말은 존경하는 오자키 유키오(尾崎行雄) 씨의 말입니다. 오자키 씨는 1858년 카나가와현 사가미하라시(神奈川県相模原市)에서 태어나 일본 의회정치의 여명기부터 패전 후까지 중의원 당선 25회, 95세까지 의원 근속 63년이라는 최장 기록을 남기며 '헌정의 신'이라 불렸습니다. 국회 앞뜰에 있는 헌정기념관은 오자키 씨의 공적을 기려 세워졌고 그의 흉상도 세워졌습니다. 그는 세계연방운동(World Federalist Movement)13)협회의 초대 회장도 지냈는데 일본인으로는 드물게 넓은 시야와 식견을 갖춘 정치인으로서 이런 말을 남기고 있습니다.

"나는 민주주의의 사명이 정의감 강한 국민과 너그러운 국민성을 만드는 데 있다고 생각한다. 그동안 일본의 교육은 국가에 대한 의무는 가르쳤지만 사회에 대한 의무는 잘 가르치지 않았다. 그 결과, 상생 공영 · 공조와 같은 사회적 도덕이 발달하지 않았다", 또 "국경을 경계로 애국심의 막다른 골목에 이른 일본인의 도덕관을 한 발 더 나아가 국경을 초월해 인류애의 경지까지 높이는 것이 앞으로의 민주교육방식이라고 생각한다"라고.

인생의 본무대는 항상 미래에 있다고 생각하면 도중의 과정에 만족하지 않고 항상 사람은 성장하려고 하지 않을까요? 그런 의미에서 인생은 포기하지 않는 것이 가장 중요한 것입니다.

---

13) 세계를 하나의 연방 국가로 건설하려는 운동. 핵무기가 나타나면서 지니게 된 인류 멸망의 위기감에서 나온 것으로, 제2차 세계대전 이후 아인슈타인 등의 제창으로 크게 성행하였다 (Naver 국어사전).

17

교양이란 본질을 정확하게 파악하는 힘

지금 많은 기업에서 "요즘 신입사원들은 교양이 부족하다"든지, "넓은 의미의 지식과 상식이 결여되어 있다"라는 소리가 적지 않습니다. 그 원인은 무엇일까요? 토쿄공업대학 이케가미 아키라(池上彰) 교수는 그 배경으로 대학의 교양교육 경시를 들고 있습니다. 1991년 당시의 문부성이 대학설치 기준을 개정하면서 대부분의 대학에서 교양교육이 해체되고 일반교양(Liberal Arts) 과목이 푸대접을 받게 되었다고 합니다. 그는 요즘 "당장 직업적으로 도움이 되는 지식보다 스스로 창조하는 기초력, 즉 교양을 갖추라"고 말하고 있었습니다(일본경제신문, 2013년 8월 19일자)

일본에서는 최근 번화가 등 각지에서 무차별적으로 연속 살인사건이 빈발하고 있는데 그 원인이 "그냥 사람을 죽이고 싶었다"는 등 단순한 불만의 배출구로 이런 끔찍한 일이 벌어지고 있습니다.

또 우수한 성적으로 대학을 졸업한 청년이 판단을 잘못하여 신흥 종교에 빠져서 일생을 망치는 일도 발생하고 있습니다. 이런 일들 모두 교양을 경시한 결과로 초래된 것이라면 일본의 문부과학성은 뭐라고 변명할까요?

지금의 일본에는 '교양'을 어떻게든 되찾는 것이 요구되고 있습니다. Liberal Arts의 본고장은 고대 그리스인데, 원래 '인간을 자유롭게 하는 학문'이라는 의미가 있었습니다.

일본에서 복지는 인간의 행복이나 풍요를 뜻하는 말입니다. 제가 30년 전 파리의 영유아시설을 방문했을 때 원장인 테이쉐 씨에게 "프랑스에서 복지는 무엇입니까?"라고 묻자 "인간의 문화입니다"라는 답이 바로 돌아왔습니다. 유럽의 박애정신을 엿볼 수 있었던 순간이었습니다. 우리가 여러 학문을 배우고 교양을 높이는 것은 결국 인간성 넘치는 케어 서비스의 제공으로 드러나는 것입니다. 함께 배웁시다.

에피소드 학문의 필요

앞서 언급한 이케가미 아키라 교수가 54살 때 NHK를 조기 퇴직한 것은 다시 기초부터 공부하는 시간을 갖고 싶었기 때문이라고 합니다. 그 후, 여러 대학의 사회인 전용 강좌를 수강한 결과 그동안 감각적으로 이해해 온 분야의 학문을 이론적으로 증명할 수 있게 되면서 새로운 세상을 보게 되었다고 하였습니다.

이케가미 교수가 감명을 받은 또 하나의 일은 함께 배운 또래의 다른 학생들의 진지한 자세였다고 합니다. 그중에는 70대, 80대의 나이 많은 사람들도 있었는데 하나같이 뚫어지게 수업을 듣고 있었고 차례로 날카로운 질문을 했다고 합니다. 그런 학생들의 열성에 자극받은 교수님들은 더욱 활기차게 강의를 하였다고 합니다. 배움의 즐거움이란 이런 것이었음을 알았다고도 하였습니다.

본질을 정확하게 파악하기 위해서는 평생 학문이 필요합니다. '죽음을 향해 성장하는' 인간은 나이와 상관없이 배움과 성장의 목표가 보람으로 연결됩니다. 예를 들면, 책은 읽기만 하는 것이 아니라, 읽은 후에는 스스로 생각하고 사색하는 시간을 통해서 본질을 파악하려는 노력이 필요합니다.

하버드대학의 학부 4년 동안은 기본적으로 철저한 교양교육이 이루어지고 법률이나 경제 등 실리적인 학문은 로스쿨이나 대학원에서 전공합니다. 그만큼 교양교육이 중시되고 있는 것입니다. 방송대학의 오카베 요오이치(岡部洋一) 총장은 "세상의 실로 많은 일들은 놀랄 정도로 서로 결합되어 발생됨을 교양을 통해서 안다"고 말하고 있습니다.

그런데 최근 '백세시대'라는 말을 하게 되었습니다. 모두가 백살까지 산다고 착각하지만, 많은 사람들에게 인생은 긴 것 같지만 의외로 짧습니다. 젊은이들은 아직 앞날이 길다고 방심하고 배움을 게을리하면 반드시 후회하게 된다는 의미를 담고 있습니다.

'자네의 법칙'은 19세기의 프랑스의 철학자 폴 자네(Paul Janet)가 발안하고 조카인 심리학자 피에르 자네(Pierre Janet)가 저작에서 소개한 것입니다. 이 법칙은 '주관적으로 기억되는 시간, 세월의 길이는 연소자에게는 더 길고 연장자에게는 더 짧게 느껴지는' 현상을 심리학적으로 해명한 것으로, 나이가 들면서 실감하게 됩니다. 나이가 들면 들수록 시간이 빨리 지나가는 것처럼 느끼는 것은 사실입니다. 단지 이 법칙은 심리적 시간의 길이를 나이와 연결시키고 있는데, "왜 그렇게 느끼는가"라는 메커니즘에 대해서는 설명하지 않았습니다.

중국 당나라 중기에 활약한 시인 이익이 만들었다는 "세월이 쏜 살같다"는 말도 위와 같은 의미로 서술되어 있습니다. 그런 의미에서, 몇 살이 되더라도 너무 늦은 것은 아니니까 우선 공부하는 것이 중요합니다.

저/자/약/력

■ 저자 토키타 쥰(時田 純)

1949~1963 오다와라시 민생부 근무
1963~1975 오다와라시 시의원 3기
1977~현재 사회복지법인 오다와라복지회 설립, 이사장으로 현재에 이름
현) 일반사단법인 24시간재가케어연구회 이사장
오다와라시 사회복지법인 경영자협의회 회장
카나가와현립 보건복지대학 실천공육센터 외 외래교수 등

■ 역자 박정란

1992~1997 일본여자대학 사회복지학박사
2000~현재 인제대학교 사회복지학과 재직
2004~2006 김해시종합사회복지관 관장
2015~현재 어진샘노인종합복지관 운영위원

노인복지의 원점

|저자| 토키타 쥰
|역자| 박정란

|1판 1쇄| 발행 2017년 8월 15일

|발행인| 김 동 훈
|발행처| 공 동 체

|주소| 경기도 고양시 일산동구 호수로 358-39 동문타워 I 905호
|전화| 031) 920-8305(대표)
|팩스| 031) 920-8308
|e-mail| compub@naver.com
|출판등록| 2005년 10월 6일
|등록번호| 제396-2005-36호

|ISBN| 979-11-6105-137-6
정가 10,000원